本书由上海大学基础教育"攀登"计划专项基金资助

岩彩初识
YANCAI CHUSHI
造形篇

—— 学生实践手册 ——

陈 静 主编

上海大学出版社

写在前面

亲爱的小朋友们：

当你们翻开这本学生实践手册的时候，意味着就要开启一段或许从未经历过的由岩彩而来的寻"形"之旅啦~

在开始这次新奇的"旅行"之前，以一段简短的重要说明作为开篇，希望能够帮助你们更加清晰、便捷地使用这本手册。

关于结构

1. 全书分为六个单元，每个单元由三课构成，共十八课。

2. 每个单元有一个主题，单元之间的关系环环相扣，难度层层递进。

3. 单元内的三课，围绕单元主题展开，同样是环环相扣与层层递进的。

关于内容

1. 单元首页。

文字（本单元的核心内容）+图片（本单元的代表图片）。

2. 单元次页。

结构图（单元主题—课程主题—学习任务—核心概念）。

3. 课程版块。

（1）"悉心看""留心寻""乐心试""用心创"。分别对应四个学习活动：悉心看——欣赏活动，留心寻——探究活动，乐心试——体验活动，用心创——表现活动。

（2）"请评一评自己的作品"——自我评价。

（3）"加油站"——拓展环节。

（4）"记录下本节课的收获"——总结复习。

关于图标

1. 每个单元有一个代表本单元核心内容的统一图标。

第一单元：

第二单元：

第三单元：

第四单元：

第五单元：

第六单元：

2. 课程内容中的图标含义。

 小问号：布置任务

 小贴士：提供解答

 小灯泡：指引思路

 放大镜：示范步骤

 小闹钟：完成时间

 加油站：拓展知识

关于图片

细心的你们，一定发现了，全书的图片都是黑白的。为什么这样做呢？因为我们想让大家以一个全新的视角重新观看大千世界，这时，会惊喜地发现，"形"，更加直接地呈现在我们的眼前。

我们可以把这本书想象成一棵大树，从根部向上逐渐分支，层序分明，共同形成了一个有机的整体。当这本书完成的时候，就收获了属于你们的第一本关于岩彩、关于"形"的学习档案。

目　录

第一单元　形与型 … 1
　　第一课　拍"平"的世界
　　第二课　神奇的线条
　　第三课　美妙的图形

第二单元　平面图形的奥秘 … 41
　　第一课　显微镜下的岩彩
　　第二课　拼图游戏
　　第三课　如果我是蚂蚁

第三单元　解锁新世界的钥匙 … 85
　　第一课　变变变
　　第二课　夹馅饼
　　第三课　联想王国

第四单元　"形"说龟兹壁画 … 133
　　第一课　龟兹壁画中的菱形格
　　第二课　菱形格中的黑白灰
　　第三课　菱形格的排列

第五单元　敦煌壁画的"意象空间" … 175
　　第一课　天马行空地游走
　　第二课　我有一双透视眼
　　第三课　我心中的校园

第六单元　走进美术史中的经典 … 231
　　第一课　黑白灰世界的经典画作
　　第二课　美术馆里的黑白乾坤
　　第三课　我是小画家

写在最后 … 291

第一单元
形与型

"形",是平面的图形。"型",是立体的模型。

当我们进入画家创造的世界,不要忘记:这其实就是一个平面。画家们在有限的平面中,表现物象的平面图形,就是造"形"。若表现物象的立体幻觉,就是造"型"。

宇宙中的万事万物,都可以被归纳为各式各样的图形。本单元就让我们从"形"出发,开启寻"形"之旅吧!

第一单元 思维导图

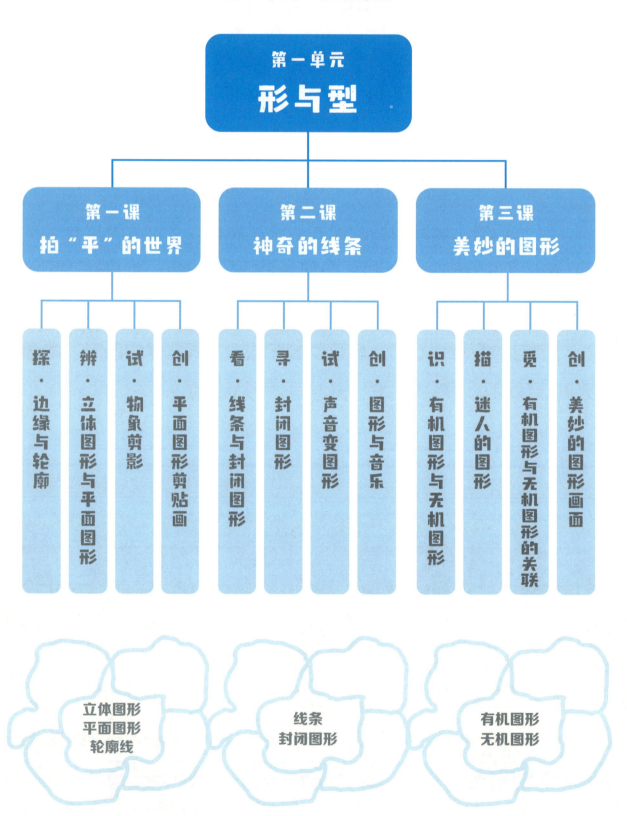

第一课 拍"平"的世界

回想一下，平常你在观察世界万物时，是不是习惯于辨认物体的内容？比如，这是什么东西？那么，想不想试着换个角度看世界呢？比如只关注边缘形、外轮廓，就像欣赏影子一样。

立体图形 · 平面图形 · 轮廓线

本节课我们需要的材料：

- 物象图片（不少于5张）
- 2B 铅笔
- 安全剪刀
- 固体胶棒
- 16K 铅画纸、黑色手工纸

一　悉心看

当你在辨认它是什么的时候，它是一只手；
当你只关注它的边缘时，它就是一个图形。

美术作品既可以再现立体幻觉，也可以表现平面图形哦！

《抱银鼠的女子》
列奥纳多·达·芬奇
（Leonardo da Vinci）

《民间艺人》
周建国

 留心寻

 你能分辨出哪个是最左边牛奶盒的立体图形吗?哪个又是它的平面图形呢?请你填一填。

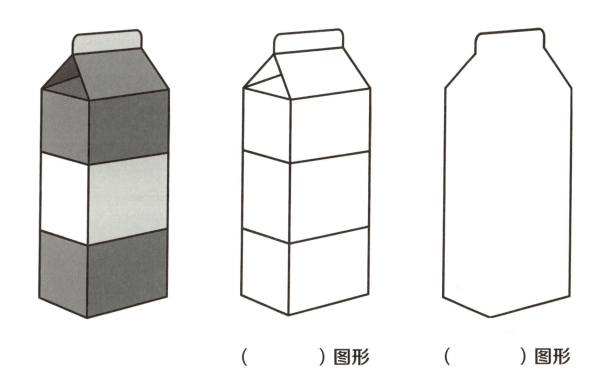

（　　　）图形　　　（　　　）图形

 找到物体边缘轮廓的位置,用线条沿着边缘轮廓连接起来,就能画出该物体的平面图形哦!

 立体图形,是由长、宽、高构成的三维模型;平面图形是由长、宽组成的二维图形。

三 乐心试

让我们换个角度观察世界万物，从它的外轮廓、边缘形开始吧！

你能参照如下两个步骤，用剪影法将下面动物的剪影分别剪下来吗？（用时5分钟）

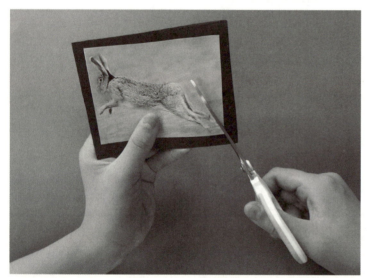

① 将物象图片叠放在黑色纸面上。

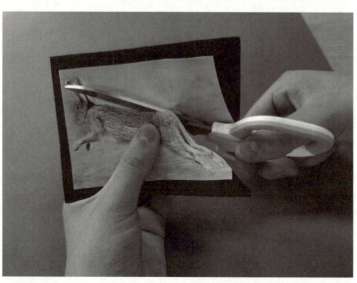

② 剪刀直接沿着物象轮廓边缘剪出物象的剪影。

3 运用剪影法剪出了兔子的平面图形。

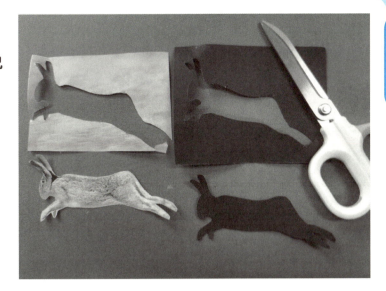

请在材料包中找到以下动物图片，用剪影法将下面动物的剪影分别剪贴下来，来试一试吧！

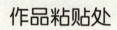

作品粘贴处

作品粘贴处

你还可以试试剪出更多物象的剪影哦！

四　用心创

请你依据物象照片，运用剪影和图形拼贴的方法，创作一幅剪贴画，并为作品取个名字。

要求：1. 轮廓线平滑。
　　　2. 图形特征明显。
　　　3. 主题明确，画面生动有趣。

用时 15 分钟

剪出一些自己喜欢的有大有小的各种物象剪影吧！

把以上剪出的物体的平面图形拼贴成一幅《玉兔蝴蝶》。

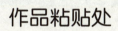

五 请评一评自己的作品

1. 我的作品名称是《_____》。

2. 我的作品表现了_____物象的平面图形。

3. 我的作品能得到_____朵花花奖章。

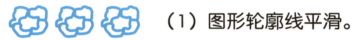（1）图形轮廓线平滑。

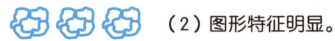（2）图形特征明显。

（3）主题明确，画面生动有趣。

# 六 加油站：三视图

从不同角度观察同一个物体，得到的图形可能是相同的，也可能是不同的。

观察下面的立体图形，你能够在方格纸上分别画出从它的正面、上面、侧面看到的平面图形吗？

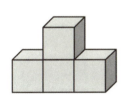

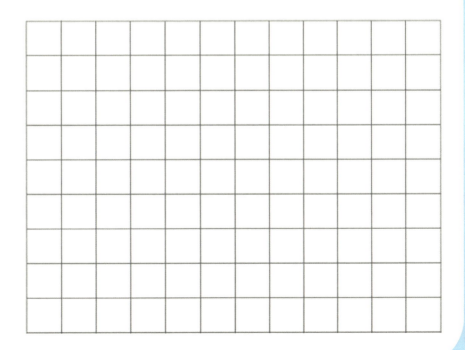

 七　记录下本节课的收获吧

第二课　神奇的线条

线条有着神奇的魔力，它可以形成各式各样的图形。当一根线条首尾相接的时候，线条就变成了封闭图形。

线　条　·　封闭图形

本节课我们需要的材料：

- 喜欢的交响乐曲
- 2B 铅笔、黑色双头勾线笔
- 4B 橡皮

 悉心看

看，首尾相接的线条围成了封闭图形！

请观察下面照片中的物象，我们可以用封闭图形来表现。

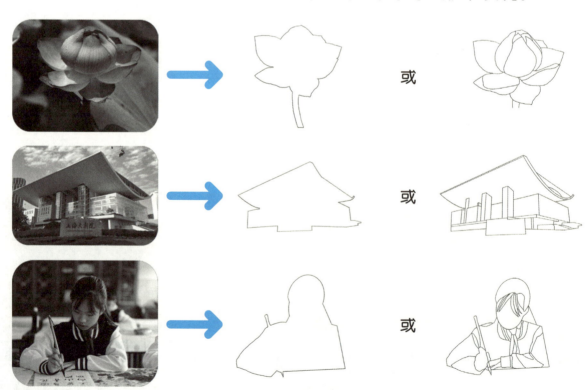

留心寻

 你观察过天空中的云彩吗？下图中的云彩，从它的外轮廓看，你发现了什么？你能用神奇的线条把它概括成封闭图形吗？

云朵

同一物象，用不同类型的线条能够概括出不同样式的封闭图形。

或

 请你试试用不同类型的线条概括出上幅图片中云彩的轮廓。

用时 2 分钟

 封闭图形的边缘线可以是曲线也可以是直线。

 乐心试

神奇的线条不仅能将看见的事物概括成图形，还可以将看不见的声音也变成图形呢！

 你能让声音被"看见"吗？听听右边藏在二维码中的声音，试着给这些声音找到与之相匹配的图形。请你连一连吧。

　　　　长笛声

　　　　堂鼓声　　　

　　　　男高音

　　　　女高音　　　

　　　　　　　　　　琵琶声

　　　　铃鼓声　　　

 不同的声音可以用不同的图形表示。

听了右边这段音乐，你觉得呈现在面前的会是下面哪一幅图呢？请在对应的方框中打勾。

四 用心创

你知道吗？抽象艺术先驱、俄罗斯画家康定斯基作品的灵感也来源于音乐哦！在他的画作中，常常活跃着一些线条和封闭图形，是他绘画中"内在的音符"。在他的笔下，绘画和音乐得到了完美融合。

伴奏
瓦西里·康定斯基
（Wassily Kandinsky）

作曲 IX
瓦西里·康定斯基

创作前，请你先识别左边的二维码，学习康定斯基是怎么将绘画和音乐融合起来的。

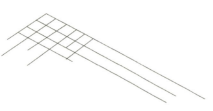

网格形可以表示
钢琴声

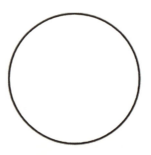

圆形可以表示
鼓声或重低音

三角形可以表示
喇叭声或小号声

选择下面二维码中的音乐旋律或找一首自己喜欢的乐曲，边听边用线条画出适合这首乐曲的封闭图形，再将这些图形组成一幅完整的图画，并为作品取个名字。

要求：

1. 画面中的封闭图形不少于 3 种。

2. 画面有黑白组合效果。

3. 构图布局有节奏美感。

用时 15 分钟

创作提示：

1. 音乐循环播放直到创作结束。

2. 先用黑色记号笔勾勒封闭图形，再画出黑白效果。

3. 想图形的时间不要太久，凭直觉快速画出。

《火车波尔卡》

《玩具交响曲》

（片段）

《军队进行曲》

同一首乐曲，不同的人表达的画面也是不同的哦！因为，每个人对于音乐韵律的感受是不同的，都是通过图形的形态、大小、分布、趋势等进行个性化的组合呈现。

 这三幅图画是三位同学一起一边听《玩具兵进行曲》，一边进行的绘画创作。

《画出的音乐》

《美妙的图形》

《美妙的旋律》

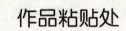

五 请评一评自己的作品

1. 我的作品名称是《_____》。

2. 我的作品中的封闭图形有_____种。

3. 我的作品表现了《_____》乐曲。

4. 我的作品能得到_____朵花花奖章。

   ✿ ✿ ✿ （1）画面中的封闭图形不少于3种。

   ✿ ✿ ✿ （2）画面有黑白组合效果。

   ✿ ✿ ✿ （3）构图布局有节奏美感。

六 加油站：音乐图形谱

"图形谱"是人们用一些简单易画的图形、线条来高度概括音乐旋律的走向、速度、力度等的一种乐谱。通过"图形谱"，我们可以在欣赏音乐或学唱歌曲时，"看见"音乐进行中的变化、发展、重复等特点，从而更好地感受音乐作品。

常见的图形谱有点线图形谱、色块图形谱、形象图形谱、实物图形谱等。你能尝试为自己喜欢的音乐创作"图形谱"吗？

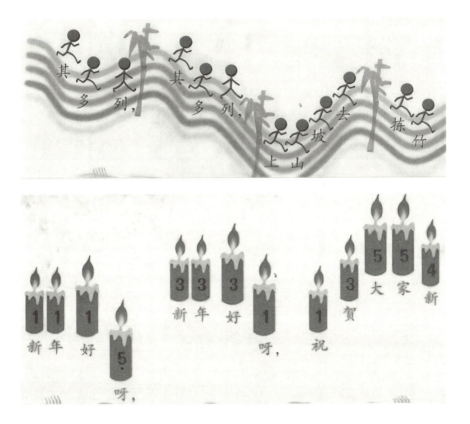

人音版一年级上册第二课歌曲《其多列》、第八课《新年好》图形谱

 **七 记录下本节课的收获吧**

第三课　美妙的图形

图形在生活中随处可见，它们可以被分为有机图形和无机图形。有机图形是活泼的、自由的、不规则的；无机图形是简洁的、有秩序的、规则的。

让我们一起来认识有机图形和无机图形，感受图形的奇妙吧！

有机图形 · 无机图形

本节课我们需要的材料：

- 自己拍摄的照片（不少于2张）
- 2B 铅笔、黑色双头勾线笔、红色水笔
- 4B 橡皮
- 16K 铅画纸

一 悉心看

有机图形来自大自然，如花草树木、虫鱼鸟兽等，是充满生命力的；无机图形是人为概括归纳出来的，如三角形、圆形、长方形等封闭图形，是充满力量感的。

仔细观察，你会发现我们生活的世界里充满着有机图形和无机图形！

 下面的图形哪些是有机图形,哪些是无机图形呢?试着连一连吧!

有机图形

无机图形

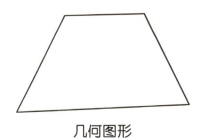

几何图形　　　　　　　有几何图形"感觉"的封闭图形

能让人们印象深刻的图形一般都有几何图形的"感觉"，但又不是直接的、规则的几何图形。多么奇妙的图形世界呀！

欣赏下面这张图片，用红色水笔描画出你喜欢的或令你印象深刻的封闭图形，试着说说它具有哪种几何图形的特征。

 乐心试

有机图形和无机图形同时存在时,能使造形更生动、更富有魅力!

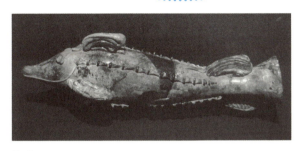 

陶鱼

 参照右上图中陶鱼的黑白图形表现方法,请你观察下面左图中的物象,试着在右下图中用有黑白效果的封闭图形来表现出有机图形与无机图形。

用时 5 分钟

# 四 用心创

大自然和生活总能给我们许多创作的灵感。请你根据自己拍摄的照片，提取和发现其中的有机图形和无机图形，创作出一幅画。

要求：

1. 图形均为封闭图形。

2. 图形有黑白。

用时 15 分钟

创作提示：

1. 在提取和概括照片中的图形时，既要有想象力，又要有取舍能力哦！

作品粘贴处

 请评一评自己的作品

1. 我的作品名称是《_____》。

2. 我的作品表现了一幅 _____ 画面。

2. 我的作品能得到 _____ 朵花花奖章。

 （1）画面中的图形均是封闭图形。

 （2）画面有无机图形也有有机图形。

 （3）画面中的图形有黑白区分。

六 加油站：密铺图形

在大自然中或生活中见到过如下图中奇妙的图形吗？

无论是什么形状的图形，都是一个一个地紧挨着，无空隙、无重叠地铺在同一个平面上。像这样，用形状、大小完全相同的一种或几种平面图形进行拼接，彼此之间既无空隙、又不重叠地铺成一片，这就是平面图形的密铺。

你能尝试设计一组密铺图形吗？

 七　记录下本节课的收获吧

图录说明

1. 单元页图片（右），图片来源：《色面造形—岩彩绘画形式骨架》。
2. 抱银鼠的女子，列奥纳多·达·芬奇，图片来源：波兰国家博物馆官网。
3. 云朵，图片来源：《一天一朵云》，萨斯基·范德斯勒伊斯摄于荷兰阿默兰岛。
4. 伴奏，瓦西里·康定斯基，图片来源：纽约古根海姆博物馆官网。
5. 作曲 IX，瓦西里·康定斯基，图片来源：蓬皮杜美术馆官网。
6. 陶鱼，图片来源：《似与不似—岩彩绘画写生课程》。
7. 其他图片均由本单元笔者自摄、自绘以及学生作业等。

第二单元
平面图形的奥秘

　　假如有一天，你变成了一只小蚂蚁，会惊奇地发现，眼前是一个完全未知的世界。本单元要睁开你的火眼金睛，去观察和表现这个未知世界中平面图形的奥秘，并用线描与拼贴的方式完成不同观察角度的创意作品。

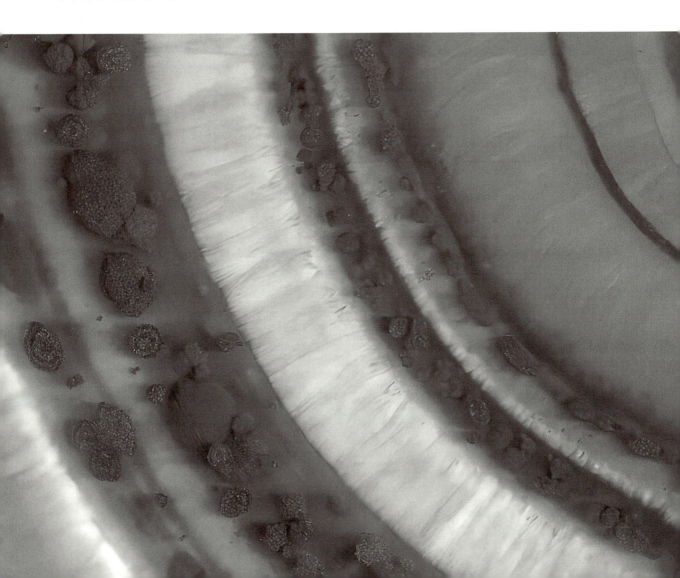

第二单元 思维导图

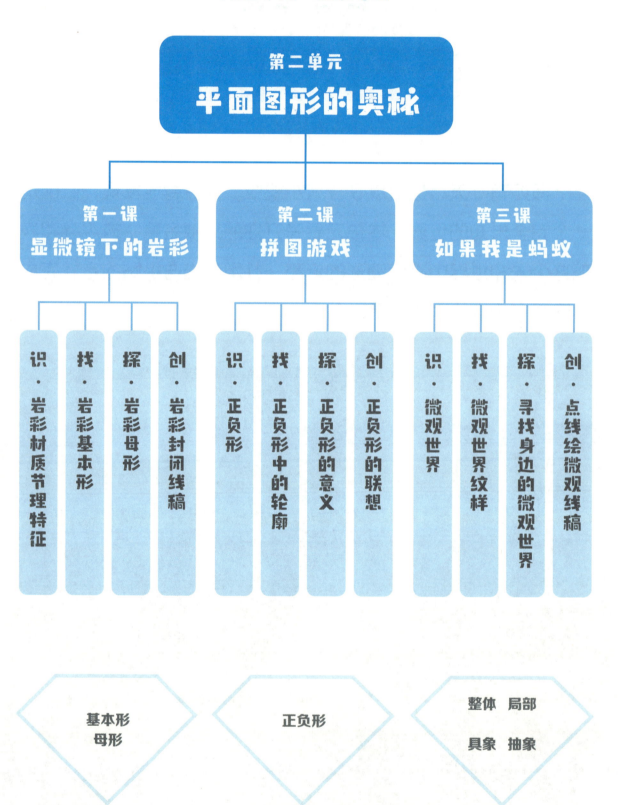

第一课 显微镜下的岩彩

大自然的鬼斧神工，让各式各样的岩彩都呈现出自然丰富的内外形体，这些生动有趣的形状背后其实隐藏着一些小秘密……

基本形 · 母形

本节课我们需要的材料：

- 岩彩标本的照片
- 黑色 16K 卡纸
- 白色细头高光笔、红/绿色水彩笔

悉心看

请观察这些图片，矿石、土壤、砂砾等在显微镜下都呈现出各自不同的几何形体。

显微镜下的岩彩微观图

 显微镜下的岩彩所呈现的不同几何形体，就是以下图片中的基本形。

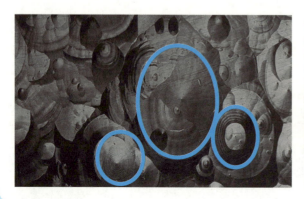

 仔细观察，一块岩彩标本在不同角度，会呈现怎样不同的基本形呢？

蓝铜矿

黄铁矿

 基本形是对画面中的图形进行高度概括后呈现几何化特征的形状。

请挑选一个角度，用红笔找出岩彩标本的基本形，并将以下横线处的内容补充完整。

用时 5 分钟

我观察的岩彩标本是 _____，挑选的角度是 _____，这个角度的基本形有 _____。

不同岩彩标本的基本形有什么特点呢？

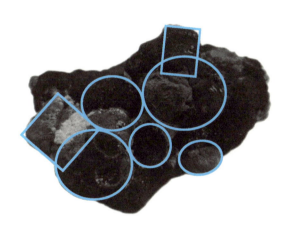
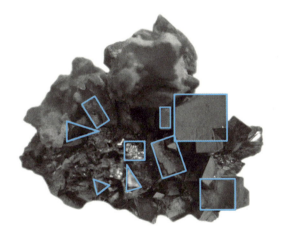

根据岩彩的节理，会产生不同的外形特点，一块岩彩标本上可能会有多种基本形，有的圆形较多，有的则以方形为主等，这些特征让岩彩有了不同的外表和质地。

三 乐心试

观察矿石的基本形,你能快速找出最主要、最明显的几何形体是什么吗?请尝试用绿色的笔画出。

用时 5 分钟

母形是在基本形的基础之上，不断繁衍、变异，是画面中最主要、最明显的图形特征。

 请找一找，这两个矿石的基本形和母形是什么？

用时 5 分钟

基本形：_____

母　形：_____

基本形：_____

母　形：_____

四 用心创

在以下岩彩标本图片中挑选一张，画一张线稿作品。

要求：

1. 分析岩彩标本的基本形和母形。
2. 线稿的图形必须是封闭的图形。
3. 以线条为主，有一定的疏密变化。

用时 20 分钟

创作提示：

1. 线条描绘出来的图形必须是封闭的哦！

蓝铜矿

白珊瑚

青金石

绿松石

步骤示范：

① 用封闭图形写生岩彩标本的整体外形，可以有一定程度的夸张。

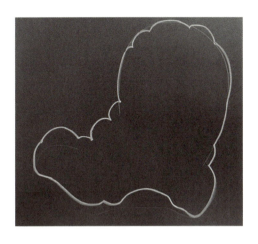
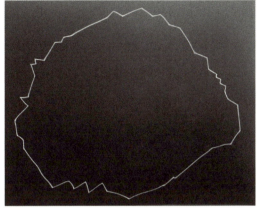

② 深入观察岩彩标本的形体细节，内外形的写生中始终要体现基本形和母形的特征，线条也要有一定的疏密变化。

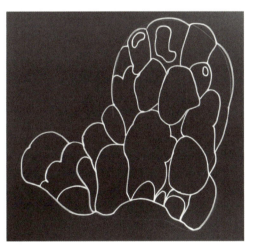
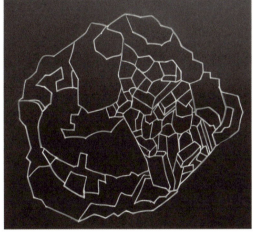

如果不是封闭图形，你觉得会有什么问题吗？

作品粘贴处

作品粘贴处

五　请评一评自己的作品

1. 我的作品画的是哪种岩彩标本？

   _____

2. 我的作品基本形和母形分别是什么？

   _____

3. 我的作品可以得到 _____ 颗钻石奖章。

（1）基本形提炼准确。

（2）母形选取准确。

（3）封闭图形夸张岩彩标本特征。

六 加油站：地质小课堂

岩彩包含很多种类，除了之前课程中分析的岩彩标本以外，下面列举了更多的岩彩。

红土

紫土

雌黄

黄土

还可以通过参观地质博物馆、自然博物馆，走进大自然，更多的岩彩等着你去发现……

官网：

中国地质博物馆：http://www.gmc.org.cn

上海自然博物馆：http://www.snhm.org.cn

中国的大自然

张掖七彩丹霞

武夷山丹霞地貌

天山大峡谷

敦煌三危山

记录下本节课的收获吧

第二课　拼图游戏

平面图形中的正形和负形彼此界定，同时又相互作用。无论是正形还是负形，在画面中都起着非常重要的作用。

正 负 形

本节课我们需要的材料：

· 安全剪刀

· 黑 / 白手工纸

· 2B 铅笔、红色水笔

· 4B 橡皮

· 固体胶棒

一 悉心看

什么是正形和负形呢？请欣赏《鲁宾杯》作品中的图形。

鲁宾杯
埃德加·鲁宾（Edgar Rubin）

从这幅作品中你看到了什么呢？

A同学看到的		B同学看到的	
正形	黑色（两张对视的人脸）	正形	白色（花瓶）
负形	白色（花瓶）	负形	黑色（两张对视的人脸）

A同学和B同学看到的都对，
正负形随时互相转变，不是固定的。

这是被誉为"天下第一图"的太极图。它是以黑白两个鱼形纹组成的圆形图案，运用了正负图形原理设计，图形对比强烈又融汇合一。

正形和负形共用一条轮廓线。

留心寻

 你能在下面两幅图中找出正负形吗？用红色笔标出共用的一条轮廓线。

正形　　　　　　　　　　　负形

正形　　　　　　　　　　　负形

三　乐心试

以苹果作为黑色图形，以联想的事物作为白色图形，拼贴在一起会产生出怎样奇妙的正负形效果呢？

由苹果联想到的事物：
苹果汁、苹果树、虫子、手机、牛顿……

请写出你联想到的事物吧：
_____。

由"苹果具有象征意义"联想到的事物：
平安、和平、健康……

请写出你联想到的事物吧：
_____。

假设，黑色图形是苹果，白色图形是和平鸽，拼贴在一起，是有和平象征意义的正负形。

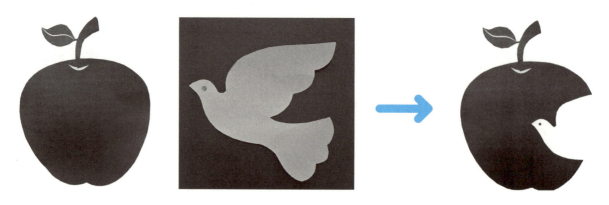

 除了在图形的边缘，还可以在图形的中间设计正负形咬合哦！

请你也在下面的苹果黑色图形中用白色纸设计、制作一个图形并剪贴上去吧!

用时 15 分钟

四 用心创

请你运用图形拼贴的方法,任选一件物品作黑色图形,联想与它相关的事物作白色图形,设计一个奇特的正负形组合。

要求:1. 正负形相关联。
    2. 共用一条边缘线。
    3. 图形有创意。

用时 15 分钟

作品粘贴处

五　请评一评自己的作品

1. 我的作品名称是《＿＿＿＿＿＿＿＿＿》。

2. 我的作品表达的意义是 ＿＿＿＿＿＿＿＿ 。

3. 我的作品能得到 ＿＿＿＿ 颗钻石奖章。

　　　◇ ◇ ◇　（1）正负形相关联。

　　　◇ ◇ ◇　（2）能传达一定意义。

　　　◇ ◇ ◇　（3）图形有创意。

六　加油站：生活中的正与负

在我们的生活中，正负也可以用"+""-"表示：

"+""-"表示电池的正负极。　　　　"-"表示零下温度。

你还知道正负能够表示些什么吗？

_____

_____

_____

记录下本节课的收获吧

第三课　如果我是蚂蚁

嘿！想象一下你变身为一只小小的蚂蚁，站在大象的象牙上，能看到什么？是象牙白的大船、忽闪忽闪的毛毛屋檐，还是灰褐色的大沟渠呢？

整体　·　局部　·　具象　·　抽象

本节课我们需要的材料：

- 局部放大照片
- 普通倍数放大镜
- 双头黑色勾线笔
- 16K 铅画纸

一 悉心看

格特鲁德·斯丁问马蒂斯,当他吃西红柿的时候会不会按照艺术家的方式来看西红柿。马蒂斯回答:"不会,当我吃西红柿的时候,我会像其他所有人那样看西红柿。但是,当我画西红柿的时候,我眼中的西红柿就会变得不一样了。"

——《马蒂斯论艺术》

你觉得在画家的眼里,西红柿是怎样的呢?

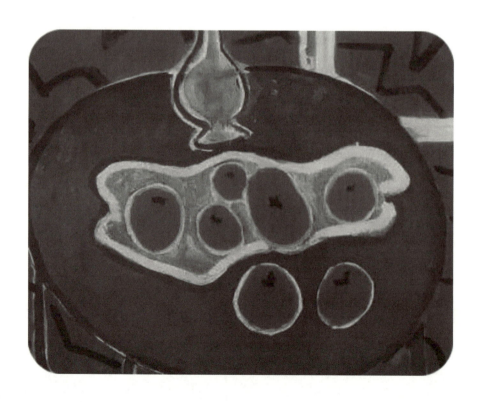

下面这些图片，拍摄的都是生活中日常物品，将其局部放大之后，你还能够认出它们吗？请在对应的字母上打勾。

A. 昆虫

B. 豆子

C. 皮肤

D. 草莓种子

A. 珊瑚

B. 毛毛虫

C. 菊花花瓣

D. 甜点

A. 花束

B. 小麦

C. 蜜蜂的腿

D. 冰糖葫芦

显微镜下的日常物品

当打破常规的观察方式，不再从整体去辨识，只看局部的时候，熟悉的东西变得陌生，我们发现了全新的景象，局部是如此美妙。

（答案见后页）

想一想：生活中还有哪些事物的局部同样十分有趣呢？

留心寻

如果你化身为一只小蚂蚁，任何一样东西，都变得巨大无比，这时，你能够看到什么图形元素呢？

凹凸不平、层层叠叠的 线

密密麻麻、大小不一的 点 与 线

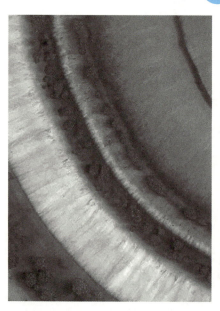

方方圆圆、层层叠叠的 面

我看到第 _____ 张图，联想到的是 _____，这个角度的图片中，最主要的图形元素是 _____（点、线、面……）。

用时 3 分钟

（前页答案：D、C、C）

三 乐心试

用一支放大镜放在物体的某一个部位,透过放大镜的镜面观看,这个部位变得又大又清晰。是不是很有意思呢?

挑选图片中鹦鹉三个不同的局部，用线条描绘出来。对比看看，三个局部各自有怎样的特征呢？

点、线、面三者结合，分布疏密有节奏。

长度基本一致、排列密集的细线。

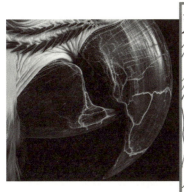 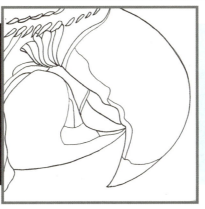

面积大小有区别的块面。

四 用心创

选一张高清图并局部放大,画出一张线稿作品。

要求:

1. 能够分析出图片中的图形元素。
2. 使用单线,描绘封闭的图形。
3. 图形元素的组合丰富有变化。

用时 20 分钟

创作提示:

1. 线条流畅肯定,在触及纸张边缘时,一定要封边不断开。

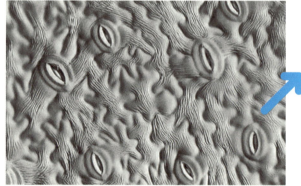
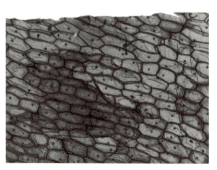
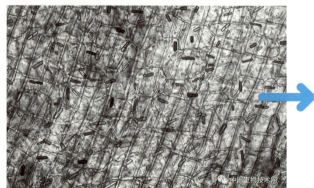

高清图与局部图

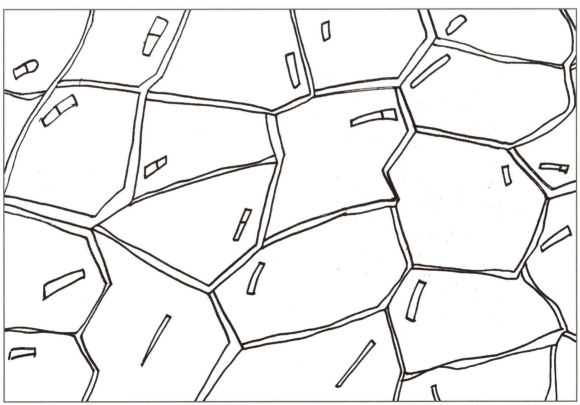

作品粘贴处

五　请评一评自己的作品

1. 我的作品画的是什么？

   _____。

2. 我是用什么图形元素表现抽象图形的？

   _____。

3. 我的作品可以得到 _____ 颗钻石奖章。

　（1）能从不同角度观察事物。

　（2）能写生局部的抽象线稿。

　（3）能用图形元素表现抽象图形。

六 加油站：奇奇怪怪的世界

小小的蚂蚁带领我们走进独特视角的抽象图形世界，我们发现了日常事物中不同寻常的一面，看起来平淡无奇的物品，其实都是魅力无限的！只要用心去寻找，美的答案就在其中。

那么，蜻蜓的眼睛、鱼的眼睛中的大千世界又是怎样的呢？你还知道哪些有趣的动物视角，试着运用今天的作业形式表现出来吧！

人类视角的向日葵

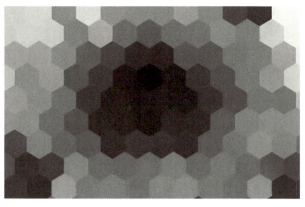
蜻蜓视角的向日葵

人类的视角

鱼的视角

记录下本节课的收获吧

图录说明

1. 显微镜下的岩彩微观图,图片来源:中国生物技术网官网。

2. 显微镜下的日常物品,图片来源:中国生物技术网官网。

3. 高清图与局部图,图片来源:中国生物技术网官网。

4. 其他图片均由本单元笔者自摄、自绘等。

第三单元
解锁新世界的钥匙

大千世界丰富多彩,上一单元我们一起探索了图形王国的奥秘。现在,我们将继续在图形的世界里畅游,认识画面的黑白灰调式、辨别画面的横直斜趋势、找寻图形编织的密码,感受"第三者"图形的魅力……当你闯关成功,拿到本单元的钥匙,新世界的大门也将自动为你敞开。你想拿到这把钥匙吗?让我们快快开启本单元的学习之旅吧!

第三单元 思维导图

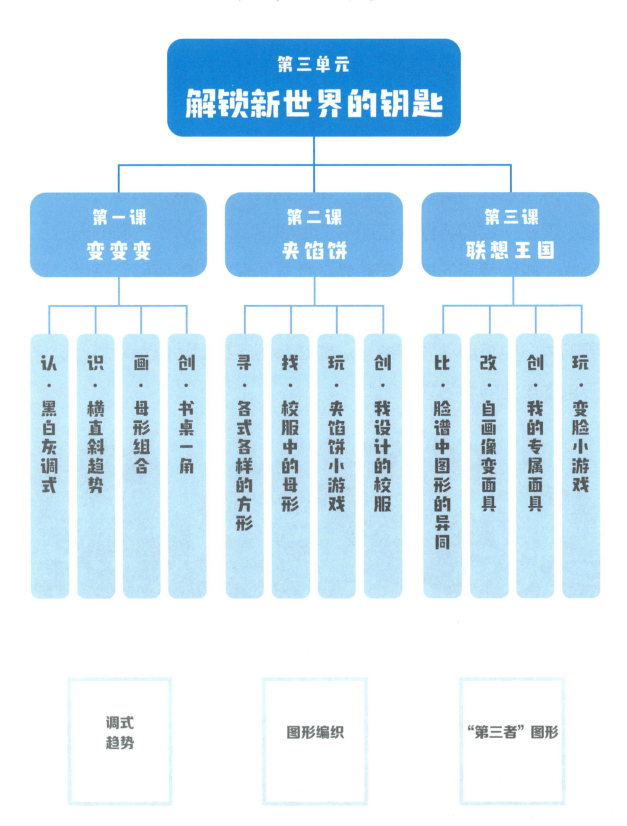

第一课　变变变

阳光照在楼房上，照在大树上，照在小朋友们的身上，看！它留下来的影子真神奇。光和影变化莫测，神秘又有魅力……

调　式　·　趋　势

本节课我们需要的材料：

- 书桌一角写生稿
- 16K 黑／白／灰手工纸
- 安全剪刀
- 固体胶棒

一　悉心看

烈日下的南天竹、暮色下的桂花树，还有晨昏时的铁树，在地上、墙上留下黑白的剪影，形成了不同的调式和趋势。

这样的调式和趋势同样也出现在我们的作品中。

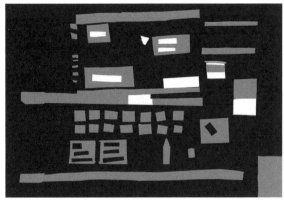

二　留心寻

你能将以下照片分成三类吗?

（1）　　　（2）　　　（3）

（4）　　　（5）　　　（6）

第一类：_____　第二类：_____　第三类：_____

不同的调式带给你怎样不同的感受？

照片按照黑多、白多、灰多，可以分为黑调式、白调式、灰调式这三种调式。

观察下面三张照片,它们是在同一地点不同时段拍摄的,有什么不同?请找到合适的线条连一连。

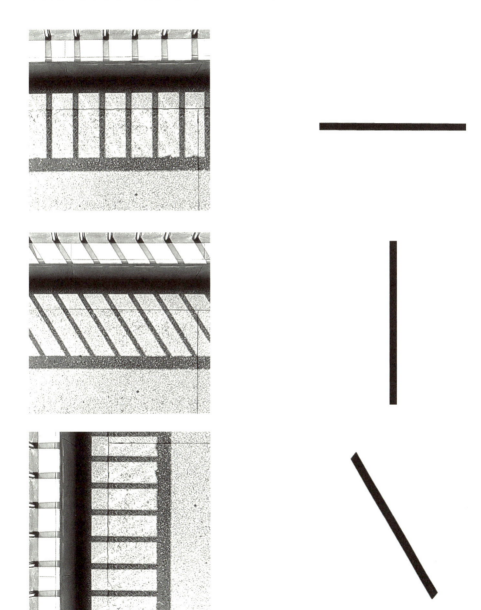

 画面中的图形形成了横、直、斜三种趋势。

三 乐心试

在我们的作品中也有"横""直""斜"三种趋势,你能用铅笔在它们的黑白灰稿上画出来吗?

画面的趋势牢牢吸引着我们的眼睛,引导我们观看画面。

我们如何强调这样的画面趋势呢？

不同的母形组合可以强调不同的画面趋势。

这幅线描稿的母形是什么？请你用铅笔将它们画出来。

用时 10 分钟

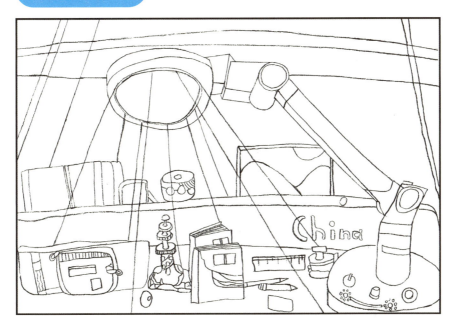

强调"斜"势的母形组合：

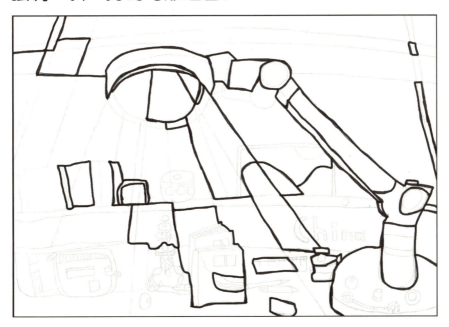

强调"横"势的母形组合：

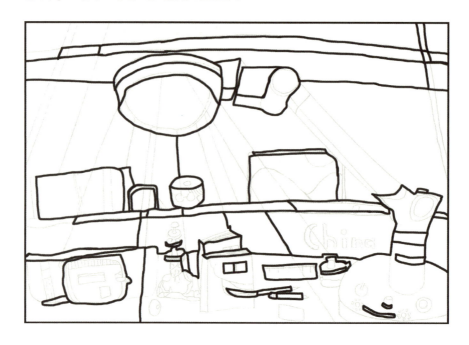

强调"竖"势的母形组合：

这幅线描稿的母形是方形。我们可以根据想要强调的画面趋势，概括出不同的母形组合。

四　用心创

请根据《书桌一角》写生稿，用黑白灰纸片剪贴出一幅新的作品。

要求：1. 调式明确。

2. 趋势明显。

3. 母形组合丰富。

用时 30 分钟

这是一幅黑调式的作品，因为黑形面积最大。

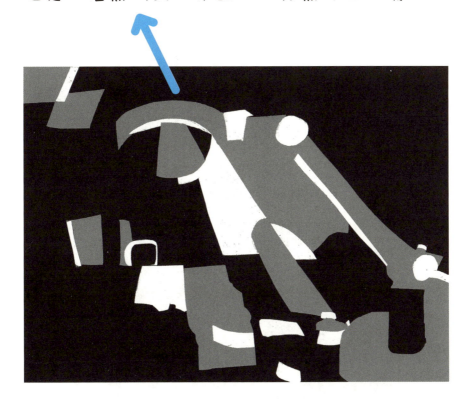

这幅作品整体呈现了从左上到右下的倾斜趋势。

这幅作品的母形是方形，方形的组合有大有小，形态各异。

① 确定画面调式和趋势，选择相应的黑白灰色纸做底板纸。

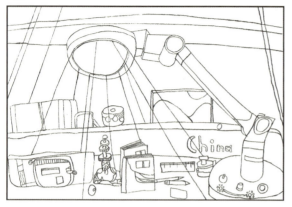

② 根据找到的母形剪出大大小小的黑白灰方形。

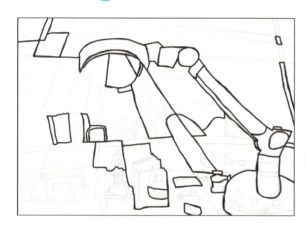

③ 将剪下的方形根据线描稿母形的位置在底板纸上拼贴。

4 调整画面,进一步明确作品调式和趋势。

这是一幅黑调式、斜势的作品。

小朋友们还尝试了灰调、横式与白调、竖式的作品。

可以先用硫酸纸在你的写生稿上概括出相应的母形组合,再通过硫酸纸和复写纸在黑白灰色纸上描画母形,最后剪贴图形,这样可以让剪贴的图形更准确。

作品粘贴处

五　请评一评自己的作品

1. 我的作品名称是《＿＿＿＿＿＿＿＿》。

2. 我的作品是 ＿＿＿＿（黑／白／灰）调式。

3. 我的作品是 ＿＿＿＿（横／直／斜）势。

4. 我的作品能得到 ＿＿＿＿ 个方形奖章。

　　□ □ □　（1）调式明确。

　　□ □ □　（2）趋势明显。

　　□ □ □　（3）母形组合丰富。

六 加油站：小小光影记录员

 请将白色卡纸衬托在植物下方，观察影子的变化，说一说它的调式和趋势。

七　记录下本节课的收获吧

第二课　夹馅饼

大自然的斑纹真漂亮！走近细看，各种各样的图形互相串联。一不小心，我们又进入了图形的世界。当我们用魔法抽走斑斓的色彩，就会发现，黑白灰图形手牵手，"一个夹一个"，像夹馅饼的游戏一样，组合丰富又趣味十足。

图形编织

本节课我们需要的材料：

- 校服设计线描稿
- 黑/白/灰方形卡纸若干（见材料包）
- 黑/白/灰丙烯笔

一　悉心看

蝴蝶身上的斑纹，各色陶泥混合成的土坯……无论是大自然的馈赠，还是人们劳作所得的艺术品，黑白灰图形总是互相串联，共同编织成美妙乐章。

图形串联的方法在我们的作品中也经常被使用。

二 留心寻

方形在找好朋友,你能帮帮它吗?请将下图所有的"方形"涂黑。

 方形是可以多种多样的。

母形的面貌千变万化。

有弯弯的方形：

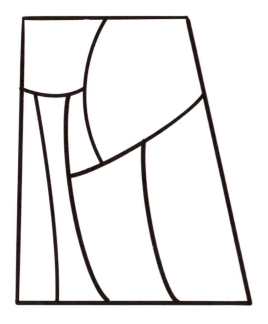

有条状的方形：

方形还可以是什么样的呢？请你画一画。

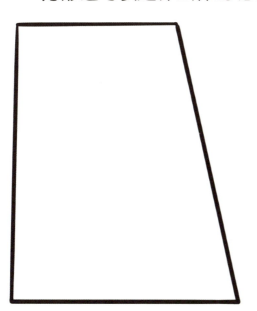

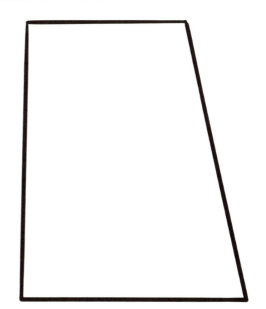

三 乐心试

 当母形藏在画面里,你还能找到它们吗?请用铅笔描一描。

你还有其他方案吗?

看！我们熟悉的汉堡包。你发现了吗？汉堡包从上到下，一层叠一层，你猜到它是怎么制作的了吗？

 这个汉堡包的母形也是方形，你能在图稿中用黑白灰三种颜色涂涂画画吗？

要求：黑白灰图形相间分布。

用时 10 分钟

你能根据母形的数量和面积大小,摆一摆黑白灰卡纸吗?

要求:1. 调式明确。

2. 能体现母形的大小。

3. 黑白灰图形相间分布。

用时 5 分钟

我们如何做到图形组合丰富呢?

大大小小的黑白灰图形互相串联。

四　用心创

请用黑白灰三色丙烯笔在你概括的母形中涂色。

要求：1. 调式明确。

　　　2. 趋势明显。

　　　3. 图形组合丰富。

用时 30 分钟

这是一幅灰调式的作品，因为灰形面积最大。

整幅作品呈现左上至右下的倾斜趋势。

作品基本形以方形为主，图形编织时要注意概括出最主要的基本形，加强画面趋势。

作品粘贴处

五　请评一评自己的作品

1. 我的作品名称是《_____》。

2. 我的作品是 _____（黑／白／灰）调式。

3. 我的作品是 _____（横／直／斜）势。

4. 我的作品能得 _____ 个方形奖章。

　　☐ ☐ ☐　（1）调式明确。

　　☐ ☐ ☐　（2）趋势明显

　　☐ ☐ ☐　（3）母形组合丰富。

六 加油站:"夹馅饼"游戏体验官

请你学做一种和"夹馅饼"相关的美食,和家人一起分享吧!

画一画:我找到的与"夹馅饼"有关的美食。

做一做:我学做的美食是 _____。

配料:_____。

制作步骤:1._____。

2._____。

3._____。

4._____。

5._____。

七 记录下本节课的收获吧

第三课　联想王国

图形串联真有意思，我们把作品编织成美妙乐章。经过前面两课的学习，你还会被图形框架束缚住吗？请你大胆想象，串联各式各样的有趣图形，它们组合成的新图形就是"第三者"图形。让我们一起看看会有什么样的惊喜吧！

"第三者"图形

本节课我们需要的材料：

- 自画像图稿
- 黑／白／灰丙烯笔
- 安全剪刀
- 皮筋或绳子
- 细木棒
- 固体胶棒

一 悉心看

图形的世界真奇妙。看！我们所知的京剧脸谱、傩戏面具，还有非洲木雕，上面有着许许多多的有趣图形，如果能戴上这样的面具，我们就更加与众不同啦！

关公京剧脸谱

贵州安顺地戏面具（清代）

藏族贡波（护法）面具（现代）

非洲拜宁族艺术家面具

小朋友们迫不及待地设计了自己的专属面具，戴上真酷呀！

二 留心寻

图1与图2是京剧中美猴王不同时期的脸谱，你能说说两张脸谱的异同吗？

图1

同 两张脸谱都有五官、脸部都有纹路。

异 两张脸谱五官的形态各不相同、脸部纹路也不相同。

我们设计面具，可以保持脸部的元素不变，大胆改变脸部元素的基本形和图形之间的关系。

你能根据图形特征猜出哪张是花果山时期的美猴王，哪张是大闹天宫时期的美猴王吗，为什么？

图 2

花果山时期的脸谱有桃子的图形，以及诸多不规则纹路。

大闹天宫时期的脸谱中间图形是一个倒置的葫芦，额间还有火焰图案。

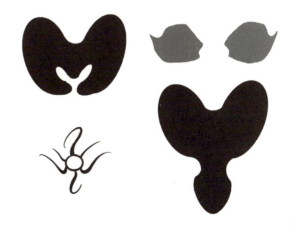

三 乐心试

 这是一位小朋友根据自己脸部特征设计的面具，你能说说图稿的问题并帮他改一改吗？

图稿中部分图形没有首尾相连，需要改成封闭图形。此外，图形组合比较单调，需要添加图形，增强画面趣味。

四 用心创

请根据自画像,用图形编织的方法设计出自己的专属面具。

要求:

1. 调式明确。

2. 黑白灰图形组合丰富。

3. 画面生动有趣。

用时 30 分钟

小画家自述：

我是瓜子脸，下巴尖尖的，所以我大胆把面具设计成了三角形。

我戴着黑框眼镜，脸部的法令纹比较深，还有两个大酒窝，它们都成了我面具上最有特色的图形。

在涂色时，我没有顾及这些图形是怎样演变过来的，只是毫无顾虑地串联我喜欢的图形，当然还是要以黑白灰其中一种颜色为主的。

我觉得自己的面具很酷，同学说很有异域风情，还能在面具上找到我的特征。

同一张画稿用不同的图形编织方法产生的效果也不同。

你也可以根据自己的脸型挑选喜欢的面具图稿进行涂色。

我们如何将画稿制作成面具呢?

 方法一:纸带背贴

 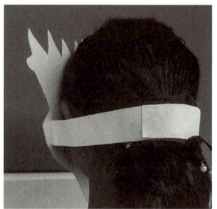

方法二:皮筋/绳子穿孔

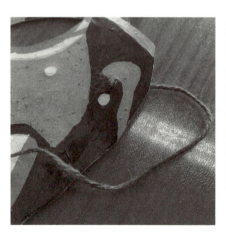 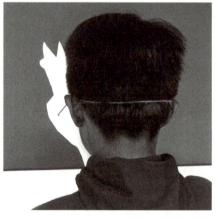

 别忘了把眼睛部分镂空哦!

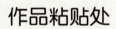
作品粘贴处

五　请评一评自己的作品

1. 我的作品名称是《_____》。

2. 我的作品是 _____（黑 / 白 / 灰）调式。

3. 我的作品能得到 _____ 个方形奖章。

☐ ☐ ☐　（1）调式明确。

☐ ☐ ☐　（2）黑白灰图形组合丰富。

☐ ☐ ☐　（3）画面生动有趣。

六 加油站：我是川剧"变脸"小小传承人

在黑／白／灰卡纸上画若干脸谱，可以通过多种途径寻找脸谱形象，进行创意临摹，也可以自己设计脸谱。我们可以将画好的脸谱进行组合，体验川剧"变脸"的游戏。

游戏一：

将两张喜欢的脸谱背面贴合，中间插入木棒，制成团扇。手搓木棒让脸谱快速翻转达到"变脸"的效果。

游戏二：

将若干脸谱对折，并将对折的半面用胶棒相连，快速翻动脸谱，欣赏"变脸"。

七 记录下本节课的收获吧

图录说明

1. 贵州安顺地戏面具（清代），图片来源：上海博物馆官网。
2. 藏族贡波（护法）面具（现代），图片来源：上海博物馆官网。
3. 非洲拜宁族艺术家面具，图片来源：浦东美术馆官网。
4. 其他图片均由本单元笔者自摄、自绘以及学生作业等。

第四单元
"形"说龟兹壁画

龟兹石窟始建于3世纪，现存壁画1万余平方米，造形简洁，色彩优雅，是中国岩彩绘画的原点之一。龟兹壁画是在中国砂岩地质之上形成的中国古代原创壁画的典型代表，创造了独具魅力的艺术风格，神秘的菱形格正是其中之一。龟兹壁画中有成千上万个菱形格，其中融入各种各样生动有趣的故事，以连续组合的特殊方式呈现，既整体又丰富，创造出重峦叠嶂、连绵起伏的景象。本单元将从图形的角度解锁龟兹壁画菱形格的奥秘，最终完成数幅孩子们自创的菱形格壁画。

第四单元 思维导图

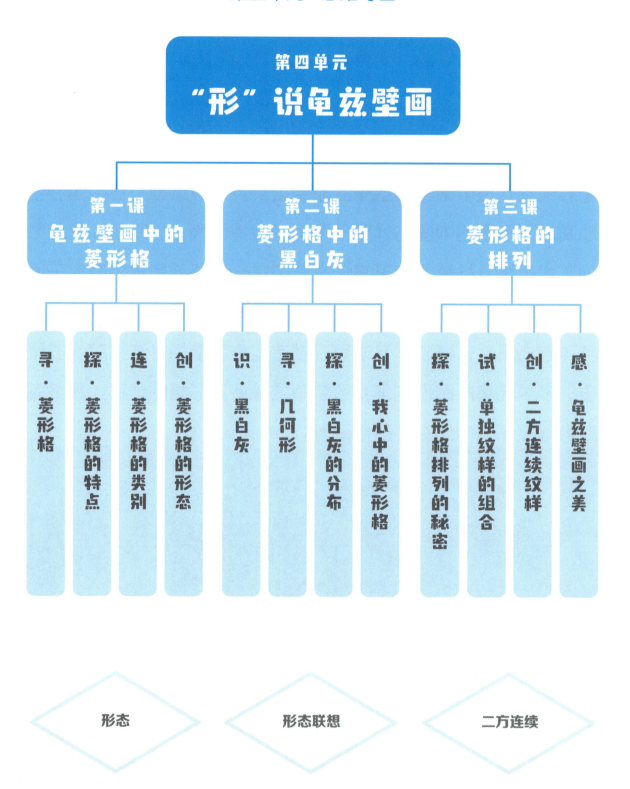

第一课　龟兹壁画中的菱形格

龟兹石窟壁画最突出的构图形式是菱形格，本节课里，主要关注的不是菱形格的色彩而是形状，让我们在黑白灰的帮助下带着问题一起探究菱形格形状的奥秘吧！

形　　态

本节课我们需要的材料：

- 安全剪刀
- 16K 黑 / 白 / 灰卡纸
- 2B 铅笔、红色勾线笔

一 悉心看

龟兹壁画中的菱形格如同一座座延绵起伏的大山，因此，它的外轮廓也犹如大山一般弯弯曲曲。

万峰林

小朋友们心中的菱形格：

二　　留心寻

 你能说说这个菱形格上半部分和下半部分的外轮廓有什么不同吗?

 菱形格的上下外轮廓不一致，上半部分向外凸，下半部分向里凹。

龟兹壁画为什么要使用菱形格，它有何特点？

 使用对比的方法，寻找适合小小洞窟的图形。

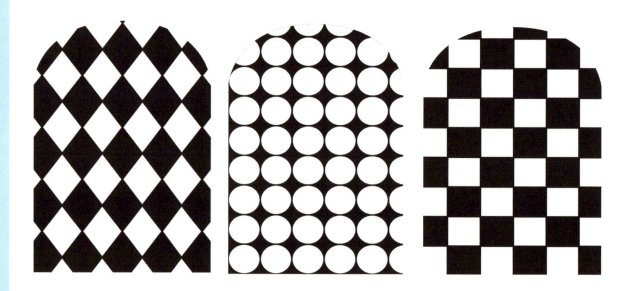

 菱形格的特点：1. 实用性：更节省空间。

2. 审美性：具有延伸的张力。

三 乐心试

你能发现"大山"菱形格形成的奥秘吗?动手叠一叠。

用时 30 秒

作品粘贴处

龟兹壁画中的菱形格是由一座座"大山"相叠而成。

你能找到壁画中的菱形格吗?
使用红色勾线笔描出菱形格。

用时 1 分钟

克孜尔石窟第 14 窟　主室券顶

这些菱形格属于哪个类别呢？它们的灵感又来自哪里呢？请你连一连。

用时 2 分钟

不同形态的菱形格灵感来源于不同的事物哦。

四 用心创

请结合生活，创作出你喜欢的菱形格。

要求：

1. 创作的图形几乎对称。
2. 剪出菱形格图形，边缘流畅。
3. 设计有创意。

用时 15 分钟

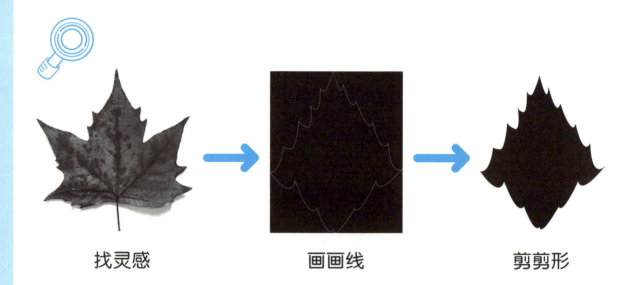

找灵感　　　　　画画线　　　　　剪剪形

作品粘贴处

五 请评一评自己的作品

1. 我的作品名称是《_____》。

2. 我的作品创作灵感来源是 _____。

3. 我的作品能得到 _____ 个菱形奖章。

◆◆◆ （1）创作的图形几乎对称。

◆◆◆ （2）剪出菱形格图形，边缘流畅。

◆◆◆ （3）设计有创意。

六 加油站：一些来自生活的创作灵感

记录下本节课的收获吧

第二课　菱形格中的黑白灰

当龟兹壁画中的菱形格褪去华丽的色彩，只留下黑白灰，依然在向我们诉说它的情感……

形态联想

本节课我们需要的材料：

· 从黑白画报上剪下的各种有趣图形

· 黑／白／灰丙烯笔

· 硫酸纸

· 前一节课创作的菱形格

一 悉心看

龟兹壁画中的菱形格有着黑、白、灰三种不同的调式，它们共同唱响了一首流传千年的旋律。

小朋友们也在用自己的方式表达对龟兹壁画的向往。

二 留心寻

 你能说说这些菱形格的调式吗?

 眯起眼睛看一看

菱形格中的图形也分为黑、白、灰三类。

 菱形格因黑、白、灰的比例不同,分为黑、白、灰三种调式,以黑为主的是黑调式、以白为主的是白调式、以灰为主的是灰调式。

请你找一找,画面中有哪些几何形?

用时 2 分钟

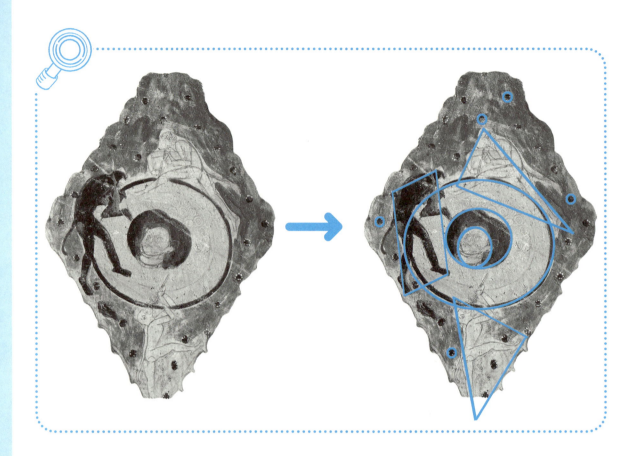

 这些几何形有什么特点?

有大有小有重叠。

三　乐心试

菱形格中的黑、白、灰布局有讲究。

菱形格中的黑形、白形、灰形是如何分布的？

❶ 选一张菱形格作品。

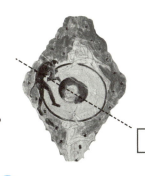

❷ 任意画一条线。

❸ 用黑、白、灰三色丙烯笔在格子中涂色，概括从左上至右下线条经过黑形、白形、灰形。

黑白灰相间、面积有大小。

你能将以下图形按照黑、白、灰关系与对应的黑、白、灰长方形连起来吗?

> 用时 2 分钟

试试把课前收集到的各种图形也分成黑、白、灰三类哦!

四 用心创

请你运用图形拼贴的方法,创作一幅新的菱形格作品。

要求:1. 调式明确。

2. 黑白灰图形组合丰富。

3. 画面生动有趣。

用时 15 分钟

这是一幅黑调式的作品,因为黑形面积最大。

这些小白点连成了一条线。

黑点最先吸引了我们的眼睛,它让画面活泼了起来。

这幅作品运用的图形十分丰富,有点、有线、有面,图形组合大小丰富、形状多样、黑白灰层次分明。

在完成"留心寻"和"乐心试"的基础上,选择一幅你感兴趣的龟兹壁画,并从分类好的图形中找出与画中几何形有相似感觉的图形。

选择一张前一堂课自己创作的菱形格,参照所选的龟兹壁画,用挑出的图形在菱形格中摆一摆,调整到合适位置后粘贴。

 先确定大图形的位置,明确画面调式,再增添小图形,让画面生动有趣。

作品粘贴处

五　请评一评自己的作品

1. 我的作品名称是《_____》。

2. 我的作品是 _____（黑 / 白 / 灰）调式。

3. 我的作品能得到 _____ 个菱形奖章。

◆◆◆　（1）调式明确。

◆◆◆　（2）黑白灰图形组合丰富。

◆◆◆　（3）画面生动有趣。

六　加油站：唱出来的黑白调

在你喜欢的菱形格作品中任意画一条线，将黑形、白形、灰形分别对应音乐种的 do、re、mi，一起唱一唱吧！另外，黑、白、灰的面积有大小区别，在面积大的图形对应的 do、re、mi 后加上延音线，旋律是否更动听了呢？

七 记录下本节课的收获吧

第三课　菱形格的排列

黑、白、灰调式的丰富变化，让每一个菱形格的图形富有节奏美和韵律美，这些美不仅仅体现在每一个菱形格中，由许许多多菱形格组成的整幅壁画也有同样的美感。

二方连续

本节课我们需要的材料：

· 黑/白/灰菱形贴纸（见材料包）

一 悉心看

菱形格在龟兹壁画中的排列方式多种多样，请找找它们的排列规律。

克孜尔石窟第 175 窟　主室券顶西侧壁

克孜尔石窟第 17 窟　主室券顶东侧壁

克孜尔石窟第 224 窟　主室券顶西侧壁

克孜尔石窟第 17 窟　主室券顶西侧壁

古代画师运用二方连续、四方连续的排列方式呈现出或对称或重复或跳跃的，既有秩序美又有节奏美的视觉效果。

二　留心寻

这是一个以两个黑调式、两个灰调式菱形格为单位组合，按照从左至右的方向，重复排列的二方连续纹样。

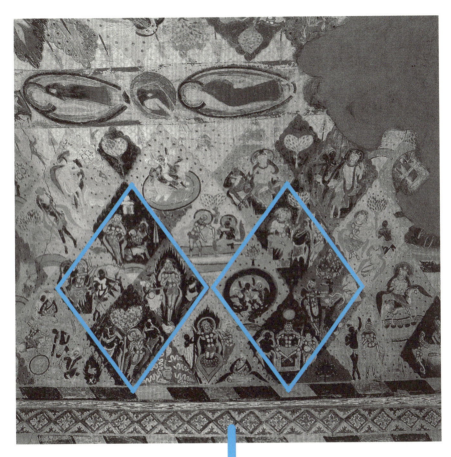

克孜尔石窟第 17 窟　主室券顶东侧壁

在下面的龟兹壁画中，你能用红色的笔画出以黑调式菱形为单位纹样的二方连续纹样吗？

克孜尔石窟第 175 窟　主室券顶西侧壁

 在下面的龟兹壁画中，你能用红色的笔画出以白调式菱形为单位纹样的二方连续纹样吗？

克孜尔石窟第 224 窟　主室券顶西侧壁

 同样的单位纹样，按照不同方向连续重复排列组合出的二方连续纹样是不一样的。

三 乐心试

 你能用不同数量、不同调式的黑白灰菱形组合出不一样的单位纹样吗？

这是由两个黑调式菱形格、一个灰调式菱形格、一个白调式菱形格组合成的单位纹样。

这是由两个白调式菱形格、一个黑调式菱形格组合成的单位纹样。

请用材料包的黑白灰菱形贴纸,运用不同的黑白灰调式组合单位纹样,粘贴到下面的菱形格中。

用时 5 分钟

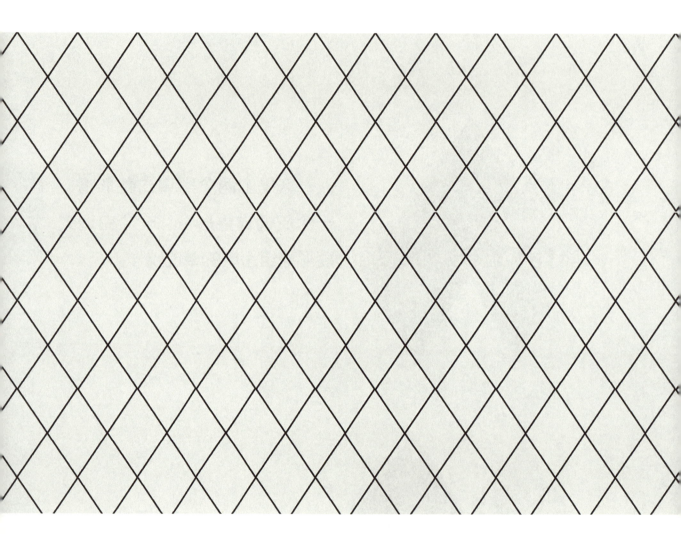

将你组合的单位纹样按照不同方向连续重复排列后,会产生怎样的效果呢?

用时 10 分钟

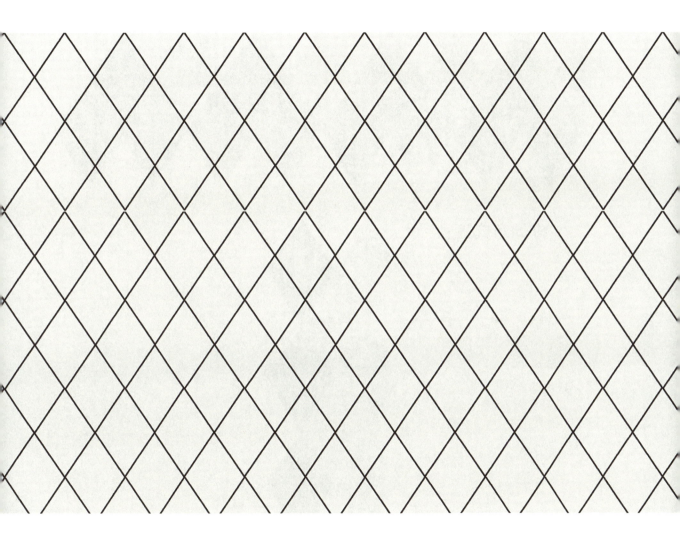

菱形格的数量不同,黑白灰调式的组合不同,排列出了千变万化的二方连续纹样。

 排列方式一:

排列方式二:

用心创

 请你在下面的区域内用菱形贴纸设计一幅菱形格壁画吧!

要求:

1. 运用二方连续纹样装饰壁画。

2. 排列组合方式有创意。

3. 干净整洁,粘贴牢固。

用时 15 分钟

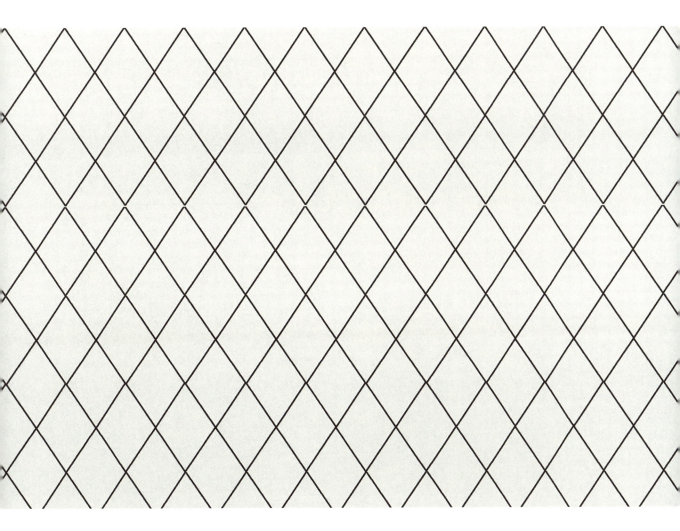

五　请评一评自己的作品

1. 我设计的壁画具有（节奏／秩序）的美感。（画√选择）

2. 我的作品能得到 _____ 个菱形奖章。

　　　◆◆◆　　（1）统一协调有变化。

　　　◆◆◆　　（2）排列整齐有秩序。

　　　◆◆◆　　（3）黑、白、灰相间有节奏。

六 加油站：不同风格的菱形格壁画

我们学习借鉴了龟兹壁画中菱形格既统一又富有变化的呈现方式，重新创作了属于自己的壁画作品，从图形的角度理解了龟兹壁画之美。古代龟兹壁画中还有很多美的秘密，等待着我们去继续探寻。

龟兹壁画中还有很多没有图案的菱形格。

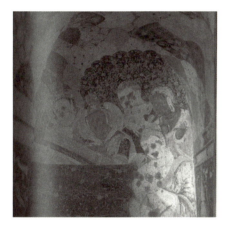

克孜尔石窟第 38 窟 后甬道后壁右侧

克孜尔石窟第 67 窟 北壁及穹窿顶

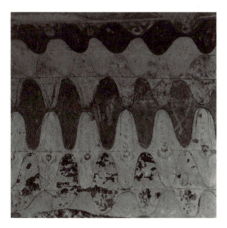

克孜尔石窟第 205 窟西甬道券顶装饰

克孜尔石窟第 205 窟 西甬道券顶装饰

记录下本节课的收获吧

图录说明

1. 本单元龟兹壁画图片来源为龟兹研究微信公众号、《中国石窟·克孜尔石窟一/二/三/四》。
2. 其他图片均由本单元笔者自摄、自绘以及学生作业等。

第五单元

敦煌壁画的"意象空间"

莫高窟始建于4世纪,经历了10个世纪的积累,现存历代壁画5万多平方米,被誉为"东方艺术明珠"。敦煌壁画内容丰富,构图自由,色彩浓郁,其中"意象空间"是其最典型的特征之一。"意象空间"是东方绘画的空间观念与构图方法,依据空间特征,主观创造性地分割画面和安排内容。本单元将从意象空间的角度探索敦煌壁画构图布局的秘密,最终通过学习敦煌壁画的空间营造方式为自己的校园设计全新的布局。

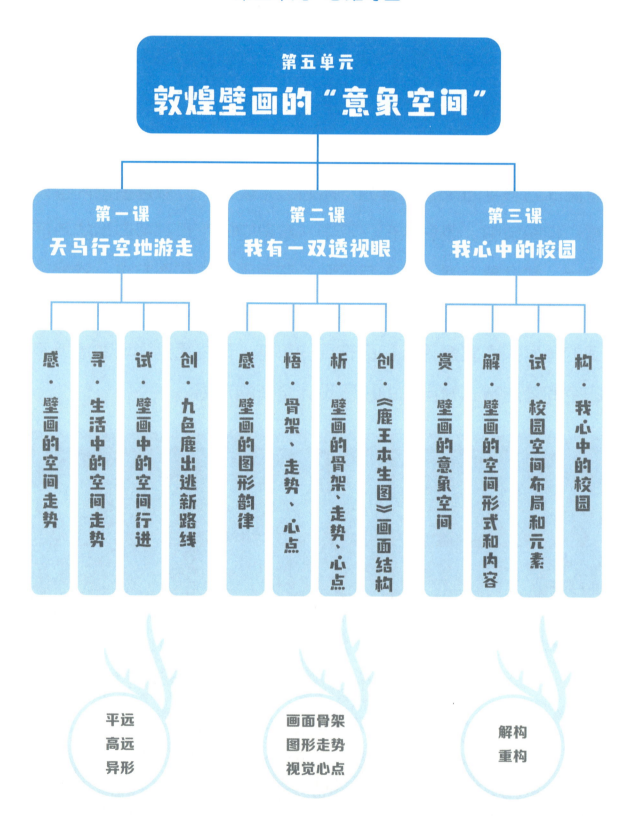

第一课　天马行空地游走

敦煌壁画依据不同的洞窟形制的空间特征，将复杂故事排布于或方或圆的窟顶，平置于环绕内室的四壁。敦煌壁画的平面立体，横向纵向，俯视仰视，时间空间，思维天马行空，构图自然而然，形成丰富多彩的平远、高远、异形空间的大型"连环画"。

平 远　·　高 远　·　异 形

本节课我们需要的材料：

· 硫酸纸

· 黑色双头记号笔

·《鹿王本生图》贴纸（见材料包）

· 16K 铅画纸

一 悉心看

在欣赏了动画片《九色鹿》之后，请说说你的感受。

动画片《九色鹿》是根据敦煌壁画《鹿王本生图》故事改编，由中国上海美术电影制片厂1981年出品的动画美术作品。

欣赏壁画作品《鹿王本生图》，请说说整张图片带给你的感受。

莫高窟第257窟 鹿王本生图

敦煌壁画的创作是根据不同洞窟的形制而游走的，所以我们看到的构图表达方式各异，给人非常不一样的空间感受。请同学们欣赏"平远、高远、异形"的神秘空间……

平远

莫高窟第 257 窟 沙弥守戒故事

高远

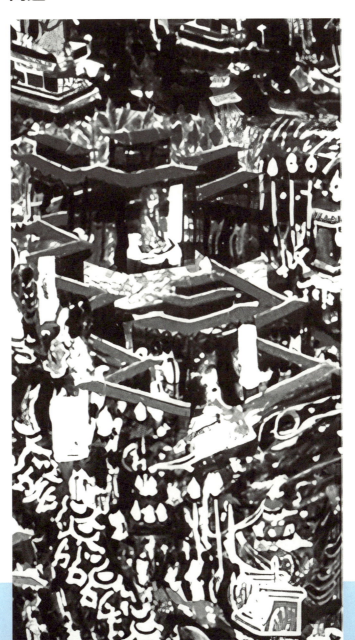

莫高窟第 420 窟 须达挐太子本生故事（局部）

异形

莫高窟第 249 窟 阿修罗（西壁）

二 留心寻

想一想在哪些生活场景中我们也能感受到"平远、高远、异形"的空间关系呢?

用箭头和线条寻找图片中"平远、高远、异形"空间关系。

用时 5 分钟

"轰隆隆"列车从左侧进站台啦!

用箭头寻找列车行驶的方向,感受平远空间的走势。

用箭头寻找出树的生长方向,感受高远空间的走势。

  小树变成大树的过程虽然缓慢,但是它们始终保持向上生长的走势!这就像一种高远的空间感觉。

从图中找出你喜欢的形状并画下来,感受异形的特点。

作品粘贴处

作品粘贴处

三 乐心试

将硫酸纸覆在下面的《鹿王本生图》图片上，找出其中所有的三角形并将三角形连接起来，感受平远空间是如何行进的。

用时 15 分钟

莫高窟第 257 窟 鹿王本生图（局部）

作品粘贴处

将硫酸纸覆在下面的《须达挐太子本生故事》图片上，选择一个主要的有机图形或四边形或白色细线并画下来；感受高远空间的走势是怎么形成的。

作品粘贴处

将硫酸纸覆在下面的《阿修罗》（西壁）图片上，将其中的人物、动物的轮廓圈出来，再用线条将它们连接。想一想，这幅敦煌壁画是根据怎样的洞窟形制而创作的呢？

作品粘贴处

 敦煌壁画中的异形空间，根据洞窟的形制而产生天马行空的变化，每一处都充满着惊喜……

四 用心创

九色鹿喜欢帮助有困难的人,弄蛇人被帮助后忘恩负义,向国王告密出卖九色鹿,国王下令捉拿九色鹿,取九色鹿的皮毛制作王后的衣服……

 小朋友们,请用"平远、高远、异形"的空间关系,根据材料包中所给的贴纸以贴纸的形式制作三张九色鹿的出逃计划图吧!

结合"平远、高远、异形"的空间走势,充分发挥想象力,九色鹿在逃跑的时候会遇到哪些困难呢?

用时 20 分钟

平远空间(折页)

高远空间（折页）

异形空间

# 五　请评一评自己的作品

1. 九色鹿的出逃计划路线。

   出逃路线一是 _____，出逃路线二是 _____，出逃路线三是 _____（平远 / 高远 / 异形）空间。

2. 我来介绍九色鹿的出逃路线。

_____

_____

_____

3. 我的作品能得到 _____ 颗鹿角奖章。

（1）设计图形有创意。

（2）画面整洁且卫生。

（3）平远 / 高远 / 异形走势清晰。

六 加油站：争做漫画家

请选择九色鹿三条出逃路线中最有把握的路线，将故事以"四格漫画"的形式画下来并简单介绍。

快来介绍你的四格漫画吧！

_____

_____

_____

_____

七 记录下本节课的收获吧

第二课　我有一双透视眼

敦煌壁画中极具特色的布局之一,是围绕在墙壁四周的长长的平远空间,其中的作品留存至今深受人们的喜爱,它耐人寻味的奥秘究竟在哪儿呢?让我们带着一双透视眼,探索敦煌壁画独特的空间魅力吧!

画面骨架　·　图形动势　·　视觉心点

本节课我们需要的材料:

- 直尺
- 硫酸纸
- 彩色勾线笔
- 几何图形贴纸(见材料包)

一 悉心看

眯着眼睛，我们可以发现这幅壁画作品由各种不同的基本形组成，长方形、平行四边形、梯形似乎在画面中跳舞，这些基本形背后隐藏着画面骨架，构成了图形动势，引导出视觉心点。让我们来一探究竟吧！

莫高窟第 290 窟 主室穹顶局部

基本形

（——— 细线）

画面骨架

（▬▬ 粗线）

图形动势

（──▶ 箭头）

视觉心点

（● 圆点）

二 留心寻

田野中的稻草人也有骨架哦,你能根据基本形的排列用"√"选出最适合的骨架吗?

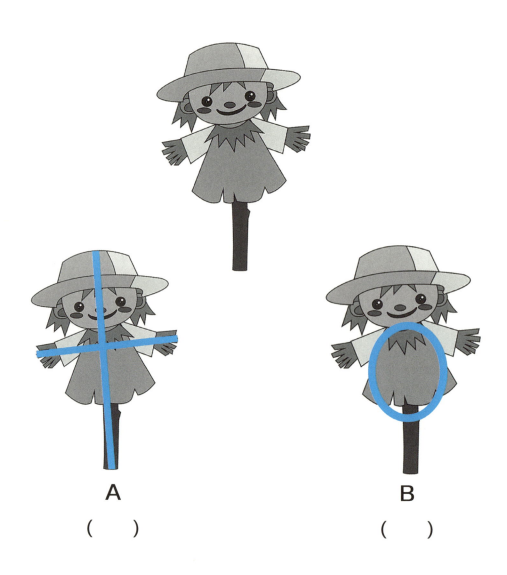

A （　　）　　　　B （　　）

强有力的骨架支撑着稻草人的站立;敦煌壁画也需要骨架的支撑才能使画面更加饱满与生动!

烟花绽放的瞬间，有的图形自中心向四周扩散，像一朵绽放的花；有的沿着一个方向延伸，像一道火光。请用箭头简单示意烟花的行动轨迹。

用时 2 分钟

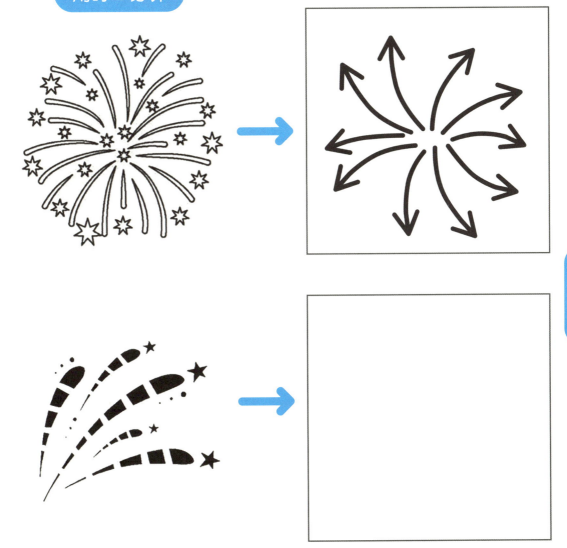

烟花的呈现丰富多样，是因为组成烟花的图形有不同的行动轨迹，也就是图形动势。

烟花由中间向四周绽放，犹如一朵朵绽放的花朵。真漂亮呀！

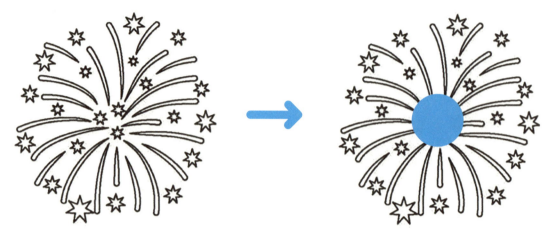

 向日葵的花瓣均匀地分布在花蕊上，请你用圆点画出向日葵的视觉心点吧！

用时1分钟

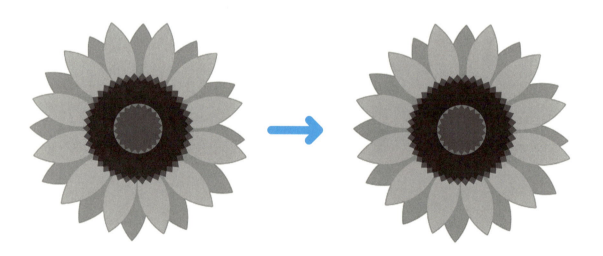

 通常视线最先集中的地方就是视觉心点。但有时候并不能一眼就看出来，而是要跟随着画面图形，由它一步步引领着我们去发现。

三 乐心试

请将硫酸纸覆在《鹿王本生图》图片上并用细线找出这幅壁画的基本形。

用时 5 分钟

《鹿王本生图》的基本形是?（打"√"，多选题）

A (　)　▭

B (　)　⬠

C (　)　△

D (　)　▱

E (　)　○

F (　)　◇

将硫酸纸覆在《鹿王本生图》图片上并用粗线找出这幅壁画的画面骨架。

用时 5 分钟

作品粘贴处

将硫酸纸覆在《鹿王本生图》图片上并用箭头找出这幅壁画的图形动势。

用时 5 分钟

作品粘贴处

将硫酸纸覆在《鹿王本生图》图片上并用圆点找出这幅壁画的视觉心点。

用时 5 分钟

作品粘贴处

 人因为有了骨架才能站立，有了血管才能供血，有了心脏才有动力。作品有了画面骨架、图形动势、视觉心点，才会富有生命力。

四　用心创

使用材料包中的几何图形，在平远构图形式中进行重新组合与排列，贴出你心中《鹿王本生图》的画面骨架、图形动势和视觉心点。

要求：

1. 画面粘贴整洁。

2. 作品富有创新性。

3. 用不同的图形标明。

用时 15 分钟

画面骨架　　　　　图形动势　　　　　视觉心点

（■ 粗线）　　　（→ 箭头）　　　（● 圆点）

莫高窟第 296 窟 北周壁画摹写 吴荣鉴（临）

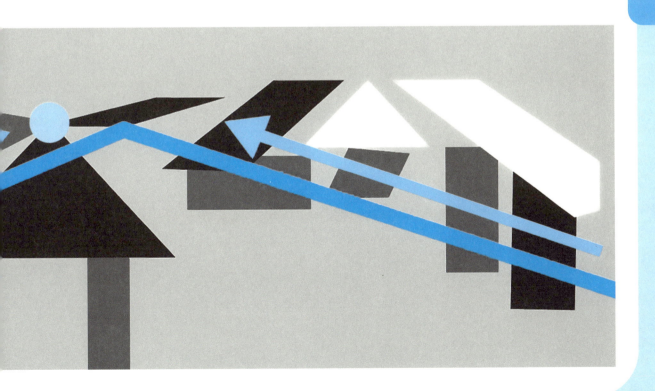

第五单元 敦煌壁画的"意象空间"

 五　请评一评自己的作品

1. 我的作品名称是《_____》。

2. 我的作品（有 / 没有）_____ 画面骨架、图形动势、视觉心点。

3. 我的作品能得到 _____ 颗鹿角奖章。

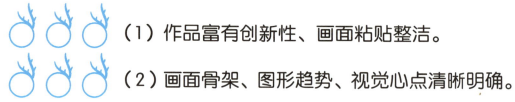

（1）作品富有创新性、画面粘贴整洁。

（2）画面骨架、图形趋势、视觉心点清晰明确。

六 加油站：快乐成长小达人

拥有强壮骨骼、健康体魄的小朋友才能茁壮成长。请你为自己定制一个拥有健康骨骼的好计划，包括饮食、运动等。

我是快乐成长小达人，为了拥有健康的骨骼，我的饮食好办法：____

_____。

我还有一些运动妙招：_____

_____。

记录下本节课的收获吧

第三课　我心中的校园

校园是同学们学习与生活的地方，现在的校园是你心中的样子吗？让我们进一步解读《鹿王本生图》所在的第257窟，"解构"其中蕴藏的图形元素，结合敦煌壁画的空间形式，"重构"全新的壁画，再探索校园，使用相同的方法，成为校园设计师。

解　构　·　重　构

本节课我们需要的材料：

- 4B 橡皮
- 直尺
- 固体胶棒
- 16K 黑 / 白 / 灰卡纸
- 安全剪刀
- 2B 铅笔、红色勾线笔、黑 / 白 / 灰丙烯笔

一 悉心看

莫高窟的洞窟形制、墙面走向千姿百态，形成了空间形式多样、画面内容丰富的壁画。

莫高窟第 257 窟 主室左侧（上）和主室穹顶（下）

莫高窟第 257 窟 左侧甬道（上）和左侧甬道穹顶（下）

莫高窟中出现的空间形式——平远、高远、异形，其中异形的变化最为丰富，随着洞窟形制的变化而变化。

二 留心寻

莫高窟第 257 窟壁画不同的空间形式都出现在洞窟中的什么位置？请参照下图找一找并在本课"悉心看"的图片中用红色勾线笔描出来。

用时 5 分钟

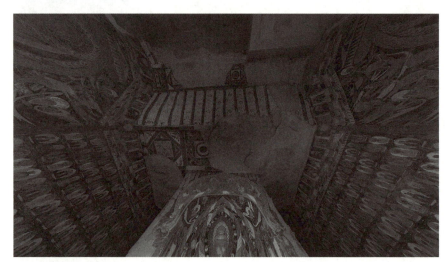

莫高窟第 257 窟 主室穹顶

解构

 提取异形

空间形式：异形　位置：主室穹顶

岩彩初识（造形篇）　　　　　　　　　　　　　　　　　　214

从标出的洞窟位置中，将发现的图形元素（至少 5 类）用封闭图形画出来，并按照自己的想法涂上黑、白、灰。

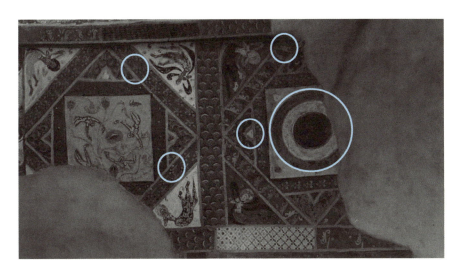

2 提取图形

3 涂黑/白/灰

从洞窟中发现异形，从壁画中发现图形，用黑白灰随意填涂，这些都是把原本完整的壁画拆散，这就是"解构"哦！

在本课"悉心看"的图片中,你还能找到更多有趣的图形元素吗?你还能画出更有意思的黑、白、灰组合吗?请画一画、涂一涂。

用时 15 分钟

作品粘贴处

三 乐心试

你能将本单元"留心寻"中涂好黑、白、灰的图形元素，放置于本单元"悉心看"中选择的异形空间中，再进行重新组合，形成一副全新的壁画吗？

重构

图形元素可放大、可缩小、可重复使用哦！

将解构出来的图形元素，充分发挥想象力，与异形空间有创意地组合在一起，形成一幅崭新的画作。这就是"重构"哦！

第五单元 敦煌壁画的"意象空间"

请你将本单元"留心寻"中涂好黑、白、灰的图形元素，放置于本单元"悉心看"中选择的异形空间中，尝试更多奇妙的组合。

用时 10 分钟

作品粘贴处

四　用心创

从中国传统艺术中学习到设计校园的好方法——解构作品元素，重构校园空间，建设校园文化。

假如你是校园设计师，你会怎样装饰校园呢？根据选择的校园一角的墙面形状、尺寸，使用喜欢的校园图形元素重构校园空间布局。快来画一张效果图吧！

要求：

1. 在校园中找到合适的墙面空间，描画形状、尺寸，注意比例准确。

用时 5 分钟

2. 发现校园中有趣的图形元素，用封闭图形描绘，填涂黑、白、灰，注意组合灵活。

用时 15 分钟

3. 选择任意一张黑、白、灰卡纸，剪出校园空间墙面形状，并将涂好黑、白、灰的图形与之任意组合，注意整体画面调式明确和图形串联富有趣味。

用时 10 分钟

留心校园空间布局及墙面形状，哪些地方可以进行创意性的装饰？请将你选取的校园一角，先拍照打印出来，再用勾线笔画出墙面的形状，标明地点、空间形式和尺寸。

用时 5 分钟

解构

① 寻找并描画异形

校园楼梯一角

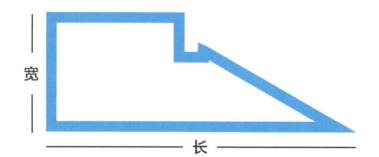

地点：校园楼梯一角　　空间形式：异形

长：230cm　　宽：120cm

作品粘贴处

地点：_____　　空间形式：_____

长：_____　　宽：_____

如果你身边没有合适的测量工具，可以尝试使用脚步、手掌的长度测量出大概的尺寸，久而久之，还可以锻炼大家的眼力。

思考一下，你的校园有哪些事物呢？探秘校园，使用封闭图形将你喜欢的内容（至少5类）描绘出来，并为它们涂上黑白灰。

 校园元素：校园里的人物（老师、同学、自己）、校园里的动物（小猫、小鸟、小虫）、校园里的植物（大树、小草、花朵）、校园里的物品（桌椅、柜子等）……

 ❷ 寻找并描画图形

❸ 填涂黑、白、灰

探索你的校园事物吧,记得使用封闭图形描绘出来。

用时 15 分钟

作品粘贴处

用涂好黑白灰的校园图形元素,与从校园中选取的空间形式重构出调式明确并且具有黑、白、灰节奏感的画面。

 重构

运动后的遗忘

第五单元　敦煌壁画的"意象空间"

如何将涂好黑、白、灰的校园图形元素,与校园异形空间大胆结合,为校园文化添砖加瓦呢,快来动手吧!

用时 10 分钟

作品粘贴处

五　请评一评自己的作品

1. 我的作品名称为《_____》。

2. 我的作品构图形式是 _____。

3. 我的作品能得到 _____ 颗鹿角奖章。

（1）充满校园气息。

（2）整体黑、白、灰调式明确，富有节奏感。

（3）图形组合富有趣味性、创意性。

六　加油站：玩具的探索者

　　将拼在盒子里的七巧板打乱，出现了多个几何图形，这是将完整的七巧板解构；用散开的七巧板拼成新的形象，这就是七巧板的图形重构。结合生活想一想，还有哪些使用解构与重构原理的玩具呢？

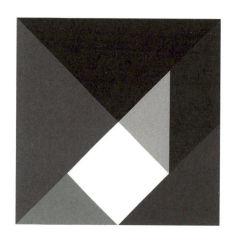

七巧板

七巧板的解构

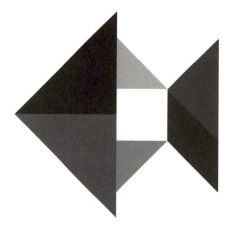

七巧板的图形重构

七巧板的图形重构

七　记录下本节课的收获吧

图录说明

1. 鹿王本生图，图片来源：《敦煌壁画艺术精品 高校公益巡展图录》。
2. 沙弥守戒故事，图片来源：《色面造形——岩彩绘画形式骨架》。
3. 须达拏太子本生故事，图片来源：数字敦煌官网。
4. 阿修罗（西壁），图片来源：数字敦煌官网。
5. 鹿王本生图（局部），图片来源：敦煌研究院官网。
6. 莫高窟第296窟 北周壁画摹写 吴荣鉴(临)，图片来源《色面造形——岩彩绘画形式骨架》。
7. 莫高窟第257窟 主室左侧（上）和主室穹顶（下），图片来源：数字敦煌官网。
8. 莫高窟第257窟 左侧甬道（上）和左侧甬道穹顶（下），图片来源：数字敦煌官网。
9. 莫高窟第257窟 主室穹顶，图片来源：数字敦煌官网。
10. 其他图片均由本单元笔者自摄、自绘等。

第六单元
走近美术史中的经典

美术史如一条长河，经典绘画作品如同其中涌动着的波涛，向我们细细诉说它们的故事。当这些名作中的人物、动物、静物、风景，都变成了黑、白、灰、点、线、面，它们有何神奇之处呢？本单元从全新视角，将经典画作层层剥茧，并走出教室，来到美术馆，面对名作，一探绘画的核心元素。最终自制一张画展门票，设计异形画框重构作品局部，以及创意改编成为一幅全新作品。

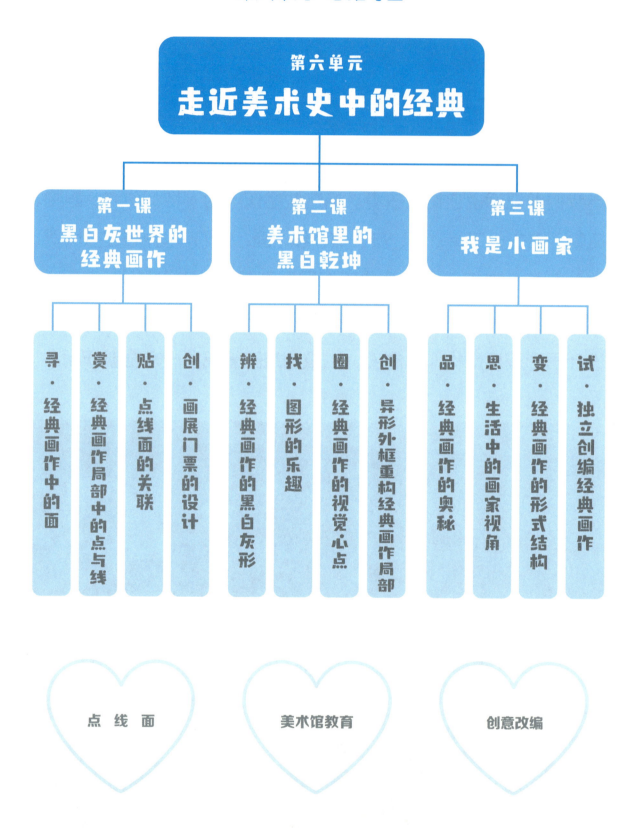

第一课　黑白灰世界的经典名作

当东西方经典绘画作品褪去绚丽的色彩，你闯进黑白灰的世界，用黑、白、灰、点、线、面的方式重新观看，你能发现什么呢？快来加入黑、白、灰、点、线、面的大闯关，获取为美术馆设计展览门票的机会吧！

点　·　线　·　面

本节课我们需要的材料：

· 彩色丙烯笔、黑色勾线笔

· 硫酸纸

· 点、线贴纸（见材料包）

悉心看

我们欣赏绘画作品的时候，通常是从远到近，第一眼看到的是画面的整体，看到的是画面中较大的块面，即"面"。

绘画作品中的 面 有的是黑形、有的是灰形、有的是白形。

仔细观察以下经典画作中不同调式的 面 在哪里。

请你眯起眼睛，来看看黑调式的 面 （蓝色线标出）。

克孜尔石窟第 14 窟 壁画（局部）

 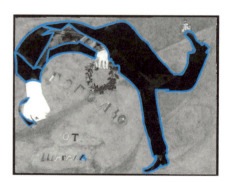

向果戈理致敬。果戈里节窗帘设计
马克·夏卡尔（Marc Chagall）

你也可以试试灰调式的面和白调式的面。

让我们再走近一些，近距离欣赏时，以下经典画作中的 点 与 线 ，便出现在视线里（蓝色标出）。

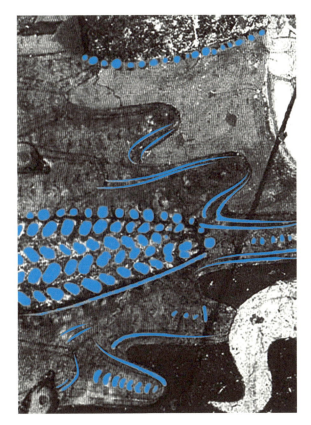

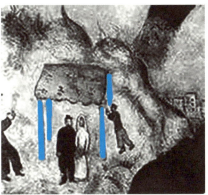

这时，我们会看到画面中的局部中藏着许多小细节，它们或许是人物的眉毛、眼睛，房子的支柱，小花纹、小树叶等，但更重要的是，它们都是画面中的 点 与 线 。

留心寻

点、线、面三者之间的关联。

 请先来找找，点与线有何关系？

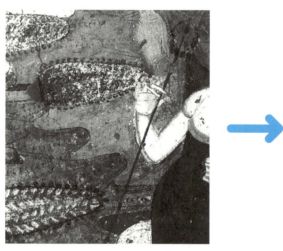 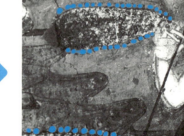

克孜尔石窟第118窟 壁画（局部）

 点滚动成线。

 接下来，再看看线与面有什么关系呢？

 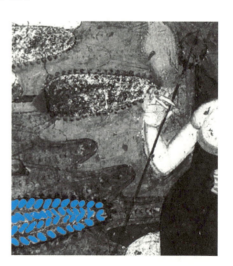

 线填充成面。

点、线、面通过不同的组合形式，会发生不同的变化。

点

无数个点组合

 线 ——————

 面

 贴一贴——让点变成各式各样的线，线变成各式各样的面。

用时 5 分钟

线

面

三 乐心试

你知道东西方经典绘画作品中的 点 与 线 在哪里吗?

完成"点与线"的闯关:

在下列绘画名作图片中,用不同颜色的彩色丙烯笔描绘出其中的点与线。

用时 10 分钟

克孜尔石窟壁画(局部)

王后瓦实提的宴会(局部)
雅各布·德尔·塞拉约
(Jacopo Del Sellaio)

"面"的闯关——眼力大挑战

去除画面中的点与线,在《王后瓦实提的宴会》(局部)图片上覆上硫酸纸,用丙烯笔描一描。

参考以下的示范,请你找找,黑面在哪里?

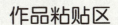

作品粘贴区

如果没有点与线，灰面又在哪里呢？

作品粘贴区

剩下的白面又在哪里呢?请你继续描一描。

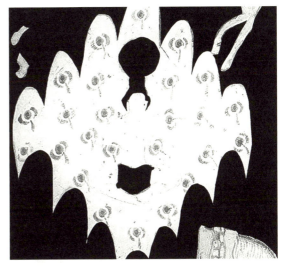

作品粘贴区

 你还可以使用这个方法在更多经典画作中寻找黑白灰面哦!

四 用心创

美术馆的展览门票由主券与副券两部分组成。

主券中又包含美术馆场景或展览内容的图案、主题、时间、地点等。

请你来看看一些展览门票的设计。

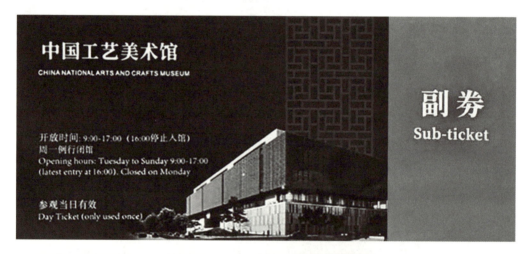

不要忘记副券上还要有条形码或二维码哦!

请你为画展设计门票。

要求：

1. 选择一幅喜欢的经典绘画作品的黑白图片。

2. 用经典画作中你喜欢的点、线、面装饰门票。

3. 点、线、面灵活转变。

用时 15 分钟

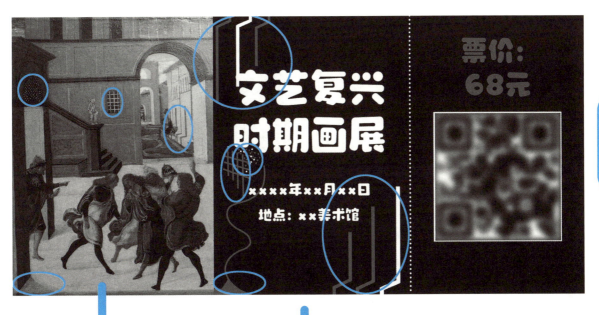

经典画作黑白图片。

点、线、面装饰

你可以的在以下经典画作图片里选择一幅,也可以寻找更多喜欢的绘画作品,快来设计一张你心目中的画展门票吧!

阿莱西那(局部)
保罗·高更(Paul Gauguin)

三博士朝圣(局部)
桑德罗·波提切利(Sandro Botticelli)

散步
马克·夏卡尔

请评一评自己的作品

1. 我选择的经典名作是《_____》。

2. 我的作品能得 _____ 颗爱心奖章。

　　　♡ ♡ ♡　（1）门票相关信息完整。

　　　♡ ♡ ♡　（2）黑、白、灰组合丰富。

　　　♡ ♡ ♡　（3）点、线、面灵活转变。

六 加油站：异形门票的设计

东方经典绘画名作中产生了许多漂亮的异形。

敦煌壁画（局部）

敦煌壁画（局部）

你能试着以这些异形为门票的外轮廓，设计出敦煌壁画特展的门票吗？

七　记录下本节课的收获吧

第二课　美术馆里的黑白乾坤

在美术馆中，我们可以看到许许多多画家的绘画作品。若将它们转变为黑白灰，将会发现图形间存在着之前未曾发现的乐趣与奥秘。让我们一起走进美术馆用黑、白、灰形，来描绘一幅你最喜欢的作品吧！

美术馆教育

本节课我们需要的材料：

- 彩色丙烯笔
- 硫酸纸
- 学习单
- 安全剪刀
- 2B 铅笔
- 16K 白卡纸

悉心看

看看下列画作中的黑白灰比例关系：分为黑调式（左）、灰调式（右）、白调式（下）。

科西莫一世·德·美第奇肖像
阿尼奥洛·布龙齐诺的工作室
（Workshop of Agnolo Bronzino）

青年女子肖像
皮耶罗·本奇
（Piero Benci）

末底改的胜利
雅各布·德尔·塞拉约

通过观察面的衔接处，用眼睛快速地在下列作品中区分出黑、白、灰形。

青年女子"西蒙内塔·韦斯普奇"的肖像
桑德罗·波提切利

① 先找出明度最高、一眼就能看见的地方，即白形。

② 再找出明度最低、边缘明显的地方，即黑形。

③ 余下的面与面之间明度相近,衔接自然,皆可归为灰形。

黑、白、灰形分别带给你怎样的感受呢?

二 留心寻

图形的乐趣——在我们欣赏经典画作时，总是能在其中找到许多有趣的图形，跟着蓝色线条，你能找到下图中的有机图形与无机图形吗？

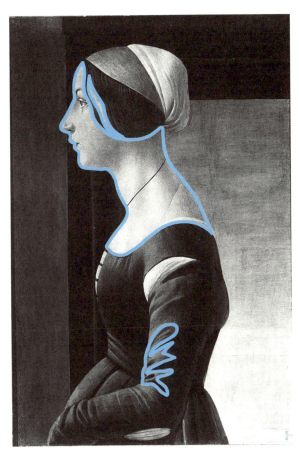

有机图形

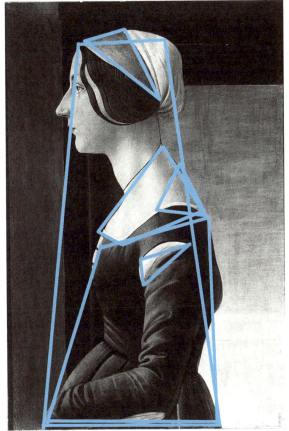

无机图形

参考前页的示范,硫酸纸覆在本页右边的图片上,并分别描出你喜欢的有机图形和无机图形。

用时 5 分钟

青年女子肖像

佚名画家(拉斐尔的近侍)

有机图形

戴帽子的青年男子肖像

桑德罗·波提切利

无机图形

 一幅经典绘画名作中只有有机图形或只有无机图形吗?有机图形与无机图形两者结合,且有疏有密、有大有小。

乐心试

 在绘画作品中,画家是如何呈现视觉心点的呢?

 通过有机或无机图形的指引所形成的图形动势,我们能够一步一步地找出视觉心点。

你能尝试找出有机或无机图形，并找到它们的图形动势和视觉心点，分别用箭头和圆点表示吗（参考上页）？

用时 15 分钟

 一幅绘画作品中，不一定只有一个视觉心点哦！

四 用心创

菲利普·利皮肖像（左）
桑德罗·波提切利肖像（中）
卢卡·西诺莱利肖像（右）
佚名画家

青年男子肖像
菲利皮诺·利皮（传）
（Attributed to Filippino Lippi）

我们通过黑白灰形,发现了画面中关于图形的奥秘。你有没有发现,绘画作品的外框也是非常有意思的,它们的形状各异,与画面内容一起共同构成了完整的作品。你能按照下列要求,选择一个异形外框,重构一幅新的作品吗?

要求:

1. 能够选择合适的异形作为外框,并说明原因。
2. 重构后的黑白灰调式明确,有创意。

用时 15 分钟

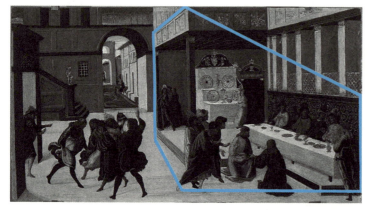

第 1 步

第 2 3 步

1. 画一画,选择画面中的形状,用单线画出异形外框的轮廓。
2. 剪一剪,将异形轮廓画到白色卡纸上,并剪下来。
3. 摆一摆,将外框在画面中各个部位移动,找到你认为最合适的局部。

第 ④ 步　　　　　　第 ⑤ 步　　　　　　第 ⑥ 步

④ 涂一涂，将画面涂上黑白灰，找黑白灰结构。

⑤ 变一变，可将部分图形调整成接近外框的异形。

⑥ 调一调，进一步完善画面，让黑、白、灰图形更加有趣，组合更加丰富。

作品粘贴区

以下图片供你参考,你也可以选择自己感兴趣的作品哦!

穆齐奥·谢沃拉的故事
博尼法乔·德·皮塔蒂(Bonifacio de' Pitati)

三博士朝圣
桑德罗·波提切利

五　请评一评自己的作品

1. 说一说：

    （1）我为什么设计了这样一个异形的外框呢？

    （2）重构后的画面讲述了怎样的"黑白灰"故事呢？

2. 我的作品能得到 _____ 颗爱心奖章。

    （1）能够设计一个与原作有关联的外框。

    （2）重构后的画面黑白灰调式明确。

    （3）新画面中的黑白灰构成有创意。

六 加油站：当代异形绘画作品欣赏

在一些当代绘画作品中，也存在许多异形的外框，让我们一起来感受它们的奇特魅力吧！

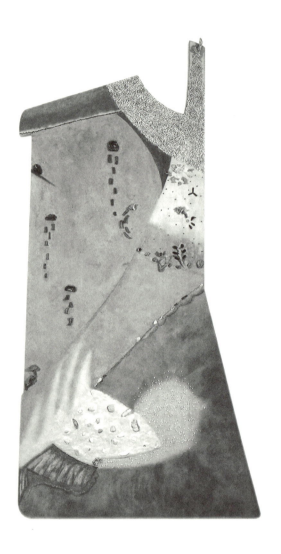

游鱼的告白
任之晓

穿过那片蔚蓝
任之晓

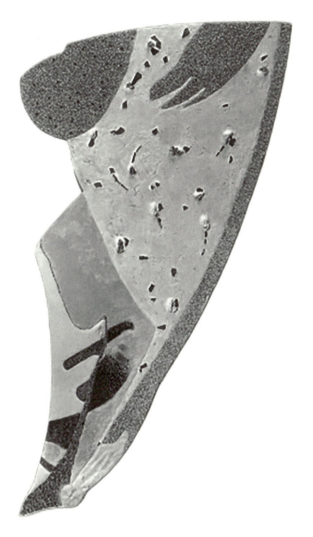

蓝色的云彩和星星伴随着田野
任之晓

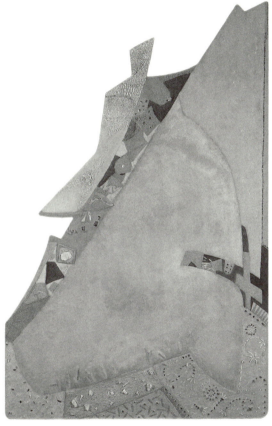

珊瑚记·把窗关上
任之晓

无题 – 木
闫博

无题 2022-13
闫博

无题 2022-05
闫博

无题 2022-11
闫博

记录下本节课的收获吧

第三课　我是小画家

在解析完这么多经典绘画作品之后,我们明白了其中藏着图形的各种奥秘。所以,当我们也能够掌握这些奥秘的时候,就可以成为一名小画家啦!

创意改编

本节课我们需要的材料:

- 黑/白/灰丙烯笔、黑色签字笔
- 16K 铅画纸
- 2B 铅笔
- 直尺
- 安全剪刀

一 悉心看

结合之前学习过的内容,你会发现这些经典的东西方绘画作品都有着共同的特点。

层次分明的调式

椅子和地毯

阿维格多·阿利卡（Avigdor Arikha）

克孜尔石窟壁画第 34 窟（局部）

明确清晰的母形

窗景
阿维格多·阿利卡

克孜尔石窟 壁画第14窟券顶壁画（局部）

一目了然的趋势

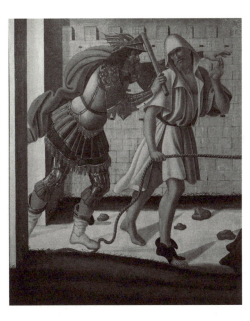

前往各各他山之路
桑德罗·波提切利与工作室
（Sandro Botticelliand workshop）

敦煌壁画（局部）

以上三点特征，就是东西方经典画作之所以成为经典，流传至今的共性哦！三者缺一不可！

二 留心寻

"艺术源于生活,又高于生活。"经典画作的共性特征不是无源之水,而是藏在生活当中,关键是我们能否看见。那么,让我们一起来找找画家的视角和普通人的视角究竟区别在哪儿呢?

看看下面几幅在校园里拍摄的照片,你觉得哪一幅的树木与房屋之间的关系看起来更特别呢?选出一幅在对应的括号中打"√"。

校园一角

A
(　)

B
( )

C
( )

接下来,再看看下列的绘画作品,对照上面的校园照片,你发现了什么相似的地方吗?试着用文字写在下列横线上。

用时 5 分钟

腓利门和鲍西斯的历史
巴尔托洛梅奥·苏阿尔迪
(Bartolomeo Suardi)

风景写生
乔治·莫兰迪
(Giorgio Morandi)

_____

_____

_____

 画家的视角:善于发现非常规的观察角度。

画面中树木和房屋的关系,要么是树木将房屋遮挡,将房屋分成许多有意思的图形,要么是树木和房屋的外形都不完整,但是,两者结合起来的整幅画面却显得很特别。因为画家推敲的是图形之间的组合,树木的有机图形和房屋的无机图形互为补充,相得益彰。

再来看看下列哪一幅照片中的瓶子摆放得更加有趣呢?选出一幅在对应的括号中打"√"。

A
(   )

B
(   )

C
(   )

再来看看莫兰迪的作品草图吧!看看他是怎样玩味这些瓶瓶罐罐的。对照前页的静物照片,你发现了什么?试着用文字写在下列横线上。

用时 5 分钟

_____
_____
_____
_____

作品草图
莫兰迪

 画家的视角：灵活运用图形之间的组合。

三　乐心试

想要成为一名优秀的画家吗？我们可以向前辈画家们学习，从对经典绘画作品进行创意改编开始，踏上成为优秀画家的道路……

1　将画面转化为黑白灰的形式。

② 将上图中的白形和灰形合并为灰形（白形改为灰形，这时形成了全新的灰形）。

③ 将原有的母形改一改（偏方改成偏圆，直线改成曲线）。

注意图形对比，主次有序，有圆有方，有曲有直。

④ 改变画面的趋势（由竖式变成斜式）。

改变趋势时，大部分保持一致，小部分可以不一致（斜中有横，横中有竖，竖中有斜）。

⑤ 在画面中有创意地点缀白形。

接下来你也试试看吧,试着将画面中的黑形和白形整合成一个黑形,并按照刚刚的步骤完成。

用时 15 分钟

1　整合形状。

2　修改母形。

3 调整趋势。

4 点缀图形。

四 用心创

 根据前面学习的内容创意改编下面这幅作品吧！

用时 30 分钟

敦煌壁画（局部）

请在框中将以上步骤融合，画出最终的成品吧！

作品粘贴区

请评一评自己的作品

1. 我的作品能得到 _____ 颗爱心奖章。

♡ ♡ ♡ （1）有基本的动态、调式、母形关系。

♡ ♡ ♡ （2）前后变化明显且具有独到的见解。

♡ ♡ ♡ （3）图形有创意，趋势有新意。

六　加油站：向自己学习

当我们在向优秀画家学习的时候，其实他们也在向我们学习。

"每次见到小孩子在街上、在沥青路面或在墙上乱涂乱画，我都会停住脚步，他们笔下的东西往往令人感到意外，总可以让我学到一些东西。"

——《毕加索的杰作》

"每个孩子都是天生的艺术家，难得的是在长大后仍然保有这份创造力。"

——《毕加索传》

毕加索正在探索孩子们的图案样式

毕加索创作的充满"孩子气"的瓷盘作品：

巴勃罗·毕加索（Pablo Picasso）
"山羊造型"瓷盘

巴勃罗·毕加索
"聪明的猫头鹰"瓷盘

"你是大师？我才是大师呢！"

黄永玉被誉为"画坛鬼才""艺术界的老顽童"。他常怀着一颗孩童般的心与世界相连。平时的生活里，他会像孩子一样仔细观察动物，洞悉生活点滴。他的很多作品中都出现过憨态可掬的动物形象，这些看似天真无邪的动物形象背后，都蕴含着耐人寻味的寓言，风趣幽默且意味深长地给予孩子们新的启迪。

猫头鹰
黄永玉

《给孩子的动物寓言》封面图片
黄永玉

亲爱的你们，在学习各种绘画知识和技能的同时，千万不要忘记自己与生俱来的绘画本能，因为，这些是可以滋养我们一生的最宝贵的财富。

七 记录下本节课的收获吧

_____

_____

_____

_____

_____

图录说明

1. 单元页（左），图片来源：敦煌研究院官网。
2. 单元页（右），图片来源：英国国家美术馆官网。
3. 克孜尔石窟第 14 窟 壁画（局部），图片来源：《中国石窟·克孜尔石窟一／二／三／四》。
4. 向果戈理致敬。果戈里节窗帘设计，马克·夏加尔，图片来源：http://www.wikiart.org/。
5. 克孜尔石窟第 118 窟壁画（局部），图片来源：《中国石窟·克孜尔石窟一／二／三／四》。
6. 克孜尔石窟第 14 窟壁画（局部），图片来源：《中国石窟·克孜尔石窟一／二／三／四》。
7. 王后瓦实提的宴会（局部），雅各布·德尔·塞拉约，图片来源：东一美术馆。
8. 阿莱西讷（米斯特拉尔），保罗·高更，图片来源：芝加哥艺术学院博物馆官网。
9. 散步，马克·夏加尔，图片来源：http://www.wikiart.org/。
10. 三博士朝圣（局部），桑德罗·波提切利，图片来源：东一美术馆。
11. 敦煌壁画（局部），图片来源：敦煌研究院官网。
12. 科西莫一世·德·美第奇肖像，阿尼奥洛·布龙齐诺的工作室，图片来源：东一美术馆。
13. 青年女子肖像，皮耶罗·本奇，图片来源：东一美术馆。
14. 末底改的胜利，雅各布·德尔·塞拉约，图片来源：东一美术馆。
15. 青年女子"西蒙内塔·韦斯普奇"的肖像，桑德罗·波提切利，图片来源：东一美术馆。
16. 青年女子肖像，佚名画家（拉斐尔的近侍），图片来源：东一美术馆。
17. 戴帽子的青年男子肖像，桑德罗·波提切利，图片来源：东一美术馆。
18. 王后瓦实提的宴会，雅各布·德尔·塞拉约，图片来源：东一美术馆。
19. 菲利普·利皮肖像（左）桑德罗·波提切利肖像（中）卢卡·西诺莱利肖像（右），佚名画家，图片来源：东一美术馆。
20. 青年男子肖像，菲利皮诺·利皮（传），图片来源：东一美术馆。
21. 穆齐奥·谢沃拉的故事，博尼法乔·德·皮塔蒂，图片来源：东一美术馆。
22. 三博士朝圣，桑德罗·波提切利，图片来源：东一美术馆。
23. 椅子和地毯，阿维格多·阿利卡，图片来源：特拉维夫艺术博物馆官网。
24. 克孜尔石窟第 34 窟壁画（局部），图片来源：新疆龟兹研究院微信公众号。
25. 窗景，阿维格多·阿利卡，图片来源：特拉维夫艺术博物馆官网。
26. 克孜尔石窟第 14 窟壁画（局部），图片来源：新疆龟兹研究院微信公众号。
27. 前往各各他山之路，桑德罗·波提切利与工作室，图片来源：东一美术馆。

28. 敦煌壁画（局部），图片来源：敦煌研究院官网。
29. 腓利门和鲍西斯的历史，巴尔托洛梅奥·苏阿尔迪，图片来源：莱曼尼大都会文化杂志官网。
30. 风景写生，乔治·莫兰迪，图片来源：博洛尼亚现代艺术博物馆官网。
31. 作品草图，乔治·莫兰迪，图片来源：博洛尼亚现代艺术博物馆官网。
32. 敦煌壁画（局部），图片来源：敦煌研究院官网。
33. 毕加索正在探索孩子们的图案样式，图片来源：巴黎毕加索博物馆官网。
34. "山羊造型"瓷盘，巴勃罗·毕加索，图片来源：巴黎毕加索博物馆官网。
35. "聪明的猫头鹰"瓷盘，巴勃罗·毕加索，图片来源：巴黎毕加索博物馆官网。
36. "你是大师？我才是大师呢！"，图片来源：羊城晚报2011年12月09日。
37. 猫头鹰，黄永玉，图片来源：黄永玉美术馆官网。
38. 《给孩子们的动物寓言》封面图片，黄永玉，图片来源：《给孩子们的动物寓言》。
39. 其他图片均由本单元笔者自摄、自绘等。

本单元所有关于"波提切利与文艺复兴"展览中的作品图片均为东一美术馆宣传图和展厅图，并已取得该馆授权。

写在最后

　　当看到这一页的时候，恭喜大家，已经通关成功啦！

　　本书的成形，是全新尝试，是引玉之砖，以"岩彩"引入，从"形"开始，开启岩彩走进中小学美术课程的大门。在这里，特别想谢谢耐心参与并完成这本书中每一个环节的你们。因此，我们很想知道各位的想法，请把在这寻"形"之旅中的收获、建议，写在下面吧！

_____

_____

_____

_____

_____

_____

_____

_____

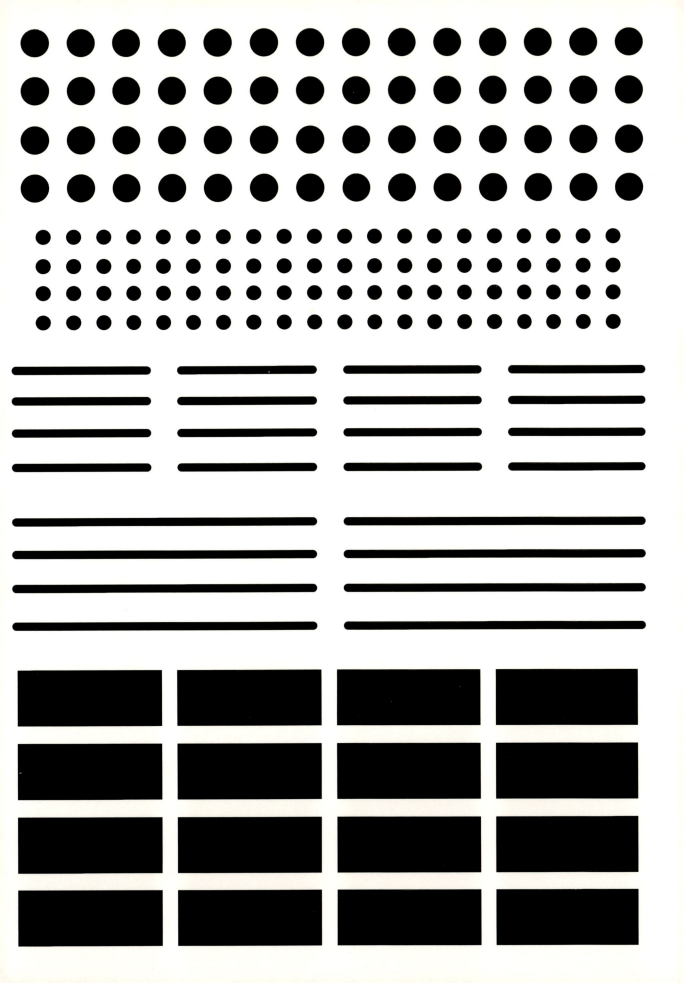

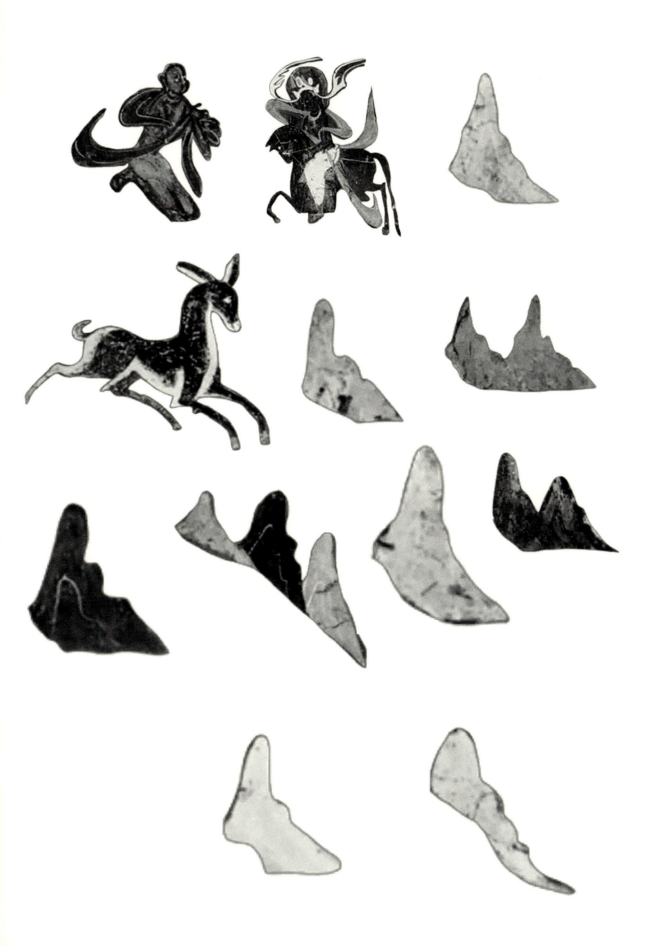

岩彩初识
YANCAI CHUSHI
造形篇

陈静 主编

教师参考用书

本书由上海大学基础教育"攀登"计划专项基金资助

岩彩初识
YANCAI CHUSHI
造形篇

—— 教师参考用书 ——

陈 静 主编

上海大学出版社

图书在版编目（CIP）数据

岩彩初识 . 造形篇 / 陈静主编 . -- 上海：上海大学出版社, 2023.11
　ISBN 978-7-5671-4806-2

Ⅰ. ①岩… Ⅱ. ①陈… Ⅲ. ①岩画－绘画技法－中小学－教材 Ⅳ. ① G633.955.1

中国国家版本馆 CIP 数据核字 (2023) 第 211191 号

策　　划　　傅玉芳
责任编辑　　倪天辰
装帧设计　　倪天辰
技术编辑　　金　鑫　钱宇坤

岩彩初识（造形篇）

主　　编　　陈　静
编　　著　　陈　静　戴春莉

出版发行	上海大学出版社
社　　址	上海市上大路 99 号
邮政编码	200444
网　　址	http://www.shupress.cn
发行热线	021-66135112
出 版 人	戴骏豪
印　　刷	上海颛辉印刷厂有限公司
经　　销	各地新华书店
开　　本	787mm×1092mm　1/16
印　　张	30
字　　数	600 千
版　　次	2023 年 11 月第 1 版
印　　次	2023 年 11 月第 1 次
书　　号	978-7-5671-4806-2/G · 3545
定　　价	88.00 元（全三册）

版权所有　侵权必究
如发现本书有印装质量问题请与印刷厂质量科联系
联系电话：021-57602918

岩彩初识（造形篇）
编委会

主编　　陈　静

编著　　陈　静　戴春莉

编委　　李志芳　陈　静　戴春莉　唐　敏　高　琼　刘　侃　顾沁华　邓刘敏
　　　　王依曼　王丽丽　王　璐　王文迪　严　琳　张逸婕　王志强　钱培丽

序

回归原点　历久弥新

胡明哲

　　看到陈静老师主编的《岩彩初识》一书中有关"平面造形"课程的书稿十分惊喜：首先十分吃惊——陈静老师只用短短几年时间，就把针对高等美术教育设计的"平面造形""色彩配置""岩彩质觉"教程，完美地"转译"为中小学美术教程。不仅知识点把握准确，理论阐述清晰，还针对少儿心理设计出有趣的可操作程序。

　　其次十分欣喜——优秀青年教师们将岩彩绘画基础课程的教学理念和教学思路延展到中小学美术课程中，薪火相传，历久弥新。这不仅可以启迪更加年轻的心灵，还激发出更加新奇的火花。

　　陈静老师在前言中引用了我常说的一句话："任何重大的改变都是基础的改变。"其实，这是在我大学毕业留校进入艺术基础部工作时，我的老师鼓励我安心基础教学所说的一句话。在近50年的艺术教学生涯中，我越来越认同了这句话，也越来越潜心基础课程研究——希望能超越中国本土美术教育中现有的专业设置与教学思路，解构视觉艺术的表象，回归视觉语言的原点，重新发现、重新思考语言要素、语法结构、语义内涵、语境针对。

画家们经常运用"绘画语言"一词。何为"语言"呢？词典解释为："人类特有的用来表达意思、交流思想的工具。"语言学解释为："静态存在着的符号系统。"那么在绘画领域共用的表意工具和符号系统即是"绘画语言"。绘画语言的基本要素是：图形、色彩、材质、空间，它们具有着不同的视觉魅力及其结构关系。能够将绘画语言本身作为思考的对象，具备反思"语言结构"的审析能力，具备再生"语言结构"的原创能力，才是一个专业画家的最基本能力；能够运用绘画语言符号系统，巧妙和智慧地言情表意，才是绘画创作的最根本技巧。

　　"平面造形"课程与"色彩配置"课程于2002年创建于中央美术学院中国画系。课程目的是：引导学生以最基本的绘画语言要素，做最基本的绘画语法游戏，通过由浅入深的练习，得以超越具象的物理的逻辑，进入抽象的形式的逻辑，最终获得形式思维能力——运用绘画语言符号系统清晰表意。"材质语言本体研究"课程于2004年创建于中央美术学院实验艺术系。课程目的是：重新认识身边的物质世界，玩味不同材质的物理属性和审美特征，尝试改变某种物质的日常状态，令其生成艺术的相关语义。近几年，为了配合岩彩创作教学和"岩彩材质"特征，我改编了部分内容，课程命名为"岩彩质觉"，希望借助"岩彩材质"这个质点，启迪学生对于所有的"材质质性"之觉悟。2014年中央美术学院"中国岩彩绘画创作高研班"实施岩彩绘画教学体系，"平面造形""色彩配置""岩彩质觉"被确定为"岩彩绘画基础课程"。其实在20年间，这三门课程也一直为其他绘画专业以及实验艺术专业的学生喜爱，还接受过设计领域与建筑领域的授课邀请，正是面向不同专业领域的教学实践，才使得课程更加完善与深化——在艺术的视野不断开阔的同时，愈加认清艺术的共性规律。

非常高兴岩彩绘画基础课程能够进入中小学美术教育领域，因为课程虽然是以"岩彩"作为基点的，却可以"尽精微而致广大"——岩彩材质以点带面地穿越"传统经典绘画"与"当代艺术创作"的时空界限和观念变更，跨越"美术学""材料学""地质学""人类学"的学科界限与知识结构，不仅有助于培育少儿的综合思辨力，也有利于激活少儿的创意思维。若是中小学的美术课程，不仅仅能在教室中培养少儿的绘画才华，还能够走到大自然中，置身"地球岩层"，体悟"本土采集"，其意义也是不言而喻的。

因此，陈静老师带领青年教师团队所做的这套岩彩绘画基础课程的"转译"教材，意义十分重大，因为，我们都知道"人的生命中第一口奶的重要性"。同理——中小学美术教育也是对于一个人最基本文明素质的养成；尤其对一个未来的艺术家而言，最早接受的知识结构和艺术理念也会贯通于他的一生。今天，我们面对中国社会已经进入当代艺术文化语境之中，而中国美术教育思路却相对滞后的现状，重新思考中小学美术教育的核心内容与教学方法，不仅对于少儿美术教育十分重要，对于高等美术教育和未来艺术家的培养也会产生深远影响。

感谢上海美术学院陈静老师带领诸位青年教师和研究生的辛勤工作与完美转译！感谢上海大学基础教育处李志芳处长和上海大学出版社的伯乐眼光与鼎力支持！

期待中国美术教育尤其中小学美术教育能够找到多样的突破点，拥有美好的未来！

2023.10.28 北京

目　录

前言　　　　　　　　　　　　　　　　　　　1

使用说明　　　　　　　　　　　　　　　　　1

第一单元　形与型　　　　　　　　　　　　1

第二单元　平面图形的奥秘　　　　　　　19

第三单元　解锁新世界的钥匙　　　　　　43

第四单元　"形"说龟兹壁画　　　　　　71

第五单元　敦煌壁画的"意象空间"　　　99

第六单元　走进美术史中的经典　　　　129

后记　　　　　　　　　　　　　　　　　151

前　　言

　　写作本书的初衷，源自2018年，我面对不同地区的中小学美术教师开展了岩彩高等教育系列课程的讲授，其中关于造形、色彩、材质的基础课反响尤其好。作为这一系列课程的受益者与传播者，从学生到教师身份的转换，我深知这是由中国岩彩老一辈学者、画家在20余年的创作和教学实践中，历经艰辛困苦，始终坚定初心，完成的一套学术严谨、系统完整的课程体系。时常有中小学美术老师问我，这么好的课程可以教给小朋友们吗？怎么教呢？我随即回答"当然可以"，这两个问题便一直萦绕在我脑中。伴随着对这两个问题的思考，我继续着中小学美术教师的培训，与此同时，也带着研究生们在小学开展岩彩课程的讲授，慢慢积累了一点点经验，有了一些些底气。我能不能试一试，站在岩彩前辈的巨人肩膀之上，设计出一套适合于中小学生使用的岩彩系列课程呢？一次和上海大学基础教育处李志芳处长的聊天中，我谈到这个问题，没想到她大力肯定，随即便开始了对课程转译活动紧锣密鼓的策划与安排。在这位忘年交伯乐的鼎力支持之下，我带着对岩彩基础美术教育的美好憧憬，与一群意气相投的盟友们，正式开启了转译之路。

岩彩绘画课程体系中"图形""色彩""材质"基础课程创建者胡明哲老师说:"任何重大的改变都是基础的改变。"那么,中小学这个年龄段,对于人的一生来说,不就是人的基础吗?人的基础是基础中的重中之重。如果能够让岩彩这颗饱含着中国经典艺术基因的种子在基础美术教育阶段生根发芽,或许可以引发对于中小学基础美术教育更多的思考。

教育部提出,各学段学生应具备"人文底蕴、科学精神、学会学习、健康生活、责任担当、实践创新"六大核心素养,成为一个"全面发展的人"。最新的小学美术课程标准中强调将美术知识与技能,与生命教育、民族文化、社会道德、人文历史等多学科融合,培养孩子们从小拥有综合性、创新性的意识与能力。这些都与现有的中国岩彩高等教育的理念不谋而合。岩彩是集人类学、地质学、民俗学等多学科于一体的中国经典传统文化的"活化石",与生俱来便是综合性极强的学科。中国岩彩以立足本土地质和本土文脉为基石,回归自然和现实生活,通过身体力行地采集天然材质,将美术、科学、地理、历史、劳动等学科知识自然整合并融会贯通,建构于学科间相互渗透的基础之上,以知识落地于实践、落实于核心素养的教育为主旨目标,培养的是根植于中国传统文化的主体性丰满的现代人。

这些扎实的积淀以及现有小学美术教材与岩彩高等教育系列教材，成为这套岩彩课程转译系列的撰写根本。寻找岩彩高等教育系列教材中可以转译的知识点，对应现有小学美术教材的知识点，将两者进行联接并融会贯通，综合小学三至五年级年龄阶段的生理和心理特点、需求，以实用性、开放性、新颖性为编写原则，以系统性、科学性、适龄性为核心标准，遵循趣味性、递进性、探究性的学龄特征，拓展全新的教授方式与学习方法，创立全新的教学设计思路与结构框架。这套转译系列既自成体系，又与两套现有教材紧密相连，从形、色、质切入，以少儿的视角，从基础改变出发，适用于小学三至五年级的美术课堂。

依据现有小学美术教材的体量，本书将内容分为六个大单元，每个单元一个主题，单元之间环环相扣、层层递进；每个单元又分为三课，课与课之间同样是环环相扣、层层递进，共同形成一个螺旋式上升的有机整体。并且，分为《学生实践手册》与《教师参考用书》，旨在更有针对性地分别面向学生和教师。在每一课的具体内容设计中，纵向（三至五年级的难度递增）与横向（多学科的关联）双管齐下，确保知识点的深度和广度。始终围绕"如何观看""人与自然""我们的传统"三个关键大问题展开，发挥岩彩本身的优势，深入浅出地嵌入核心知识点，打通多学科之间的桥梁，实现学习内容的综合化，使得学生能够在其中建立有意义的连接。

我们精选出上海市嘉定区中小学一线优秀美术教师组成课程转译项目组，进行《学生实践手册》的课程设计与撰写。第一单元由邓刘敏、钱培丽主笔。第二单元由王丽丽、王璐主笔。第三单元由王依曼主笔。第四单元由王文迪、王依曼、王丽丽主笔。第五单元由严琳、王文迪主笔。第六单元由张逸婕、王志强主笔。在专家们的带领指导下，共同研究完成本书内容。

整个转译过程，始终秉持着让中国传统艺术精髓走进少儿的理念，立足于跨学科综合性课程培养的原则，强调教学模式的综合，让学生的学习走出教室，走进场馆，走进自然。养成学生感知、发现、运用生活美的能力；养成学生运用多学科融合创造性地解决问题的能力；养成学生从小具备基本的探源溯流的人文修养与学术精神；养成将中国传统文化的传播继承与当代拓展作为己任的思辨能力；养成挖掘中国传统文化的当代价值，创造文化新价值的创新能力。润物细无声地将蕴含中华民族自信的审美观、价值观、道德观沁润到少儿心中,将美术作为育人载体与生活、自然、社会紧密相连。

希望这套转译系列图书的出版,能够针对现有小学课型,为传统与创新的交融,提出一些可供参考的视角和方法。例如,如何与现有教材结合进行单元常规教学;如何开设校本特色课程,特别是拓展研究性课程;如何设计跨年级社团课程;等等。书中提供的具体课件、教案等所有资料,不是某个模式的模版,而是一把启发教师拓展性、研究性思维的钥匙,是一把让学生获取产生思维方式的方法的钥匙。

这是一个开端。愿岩彩和岩彩基础美术教育在当代有更多的可能性。

我们怀揣满腔期待,未来无限延展。

陈 静

2023年6月写于沪上"岩语·汇"工作室

使用说明

此《教师参考用书》与《学生实践手册》的单元设置相同，以单元划分，每单元内细分为八个板块内容，旨在进一步帮助一线小学美术教师们更加清晰、更加灵活地开展实际教学活动。

单元背景介绍

单元主题所涉及的相关背景资料，帮助教师了解其产生原因与深远意义。

单元教学目标

单元主题所设计的教学活动的实施方向与学生学习的结果呈现。包括需要掌握的技能、理解的知识以及应用的方法。

单元重要概念

单元主题所包含的关键知识点的定义界定。对于理解单元的核心内容至关重要。

教学重点难点

单元内每课时必须掌握的知识技能以及可能出现的教学挑战。教师需熟知宏观课时里的重点精髓，并把控微观授课中的疑难杂症。学生需做到明确学习重点，并学会学习难点。

教学环节提示

针对教学实施过程中的七个版块："悉心看""留心寻""乐心试""用心创""评一评""加油站""记收获"，在导入、欣赏、示范、辅导、创作、展示、评价、复习等各个环节的提示，帮助教师进行更为直观、具体的课堂设计，学生进行更为有效、准确的学习参与。

知识延展补充

与单元主题相关联的跨学科知识，用以拓展、深化、丰富授课内容。特别关注学科间共通的相同思维和学习过程。有助于教师与学生具备更为广阔的视野，提高综合学习的效用，养成举一反三的能力。

学生作业图例

单元内每课时具体学习任务的学生作业范例。旨在更为直观地理解和完成相关学习任务，同时作为更多的发散性思维与更新的创造性思考的启示。

相关参考资料

单元主题中每课的课件（二维码），相关的书籍、文章、网站和其他在线教育资源。协助教师引导学生更加深入地探索和领悟本单元内容。

第一单元　形与型

单元背景介绍

1. 造形与造型的渊源流变

在《说文解字》中,"形,象形也","型,铸器之法也。从土、荆(刑)声"。形的本义是形状、形貌。型的本义是锻造器物用的模子。

"造型",源于18世纪德国哲学家莱辛在其著作《拉奥孔》中使用的德语"模写",20世纪传入中国后"造型"一词被广泛使用,沿用至今。造型中的"型"指模型,意为创造模型,也就是在二维平面上塑造三维空间的能力。在创作过程中,通过透视、光影、形状、质地、颜色等对客观事物进行模拟与再现,使观者能够感受到立体感和纵深感。

Sans Titre
瓦西里·康定斯基
图片来源:蓬皮杜美术馆官网

造型中的"形"指图形,意为创造图形。中央美术学院胡明哲教授在《色面造形——岩彩绘画形式骨架》中曾写道:"形——意为图形、形态、形状、形体、形象。造形能力:在东方绘画中特指于二维平面中创造和繁衍平面图形的能力。……造形是一种意识。只有具备这种意识,才能超越'常人百姓的知性解读';坚持属于绘画的独特观察角度;建立相关的造形理念和传达方式……画家只有建立了'造形意识'才能使自己的眼睛从面前的一切事物中发现图形和图形的意义;才能从图形的角度观察对象,选择素材,组织画面。"

造型侧重对客观世界的再现,造形强调视觉语言基本元素的运用。两者背后其实代表着两种观看视角、两种思维方式、两种艺术观念、两种审美内容。

Etude Pour Kleine Freuden
瓦西里·康定斯基
图片来源：蓬皮杜美术馆官网

Kleine Welten I
瓦西里·康定斯基
图片来源：蓬皮杜美术馆官网

2. 美术史中相关代表画家

俄罗斯画家瓦西里·康定斯基是20世纪初期的重要艺术家，抽象艺术的创始人之一。其作品面貌的转变经历了几个主要阶段：早期的作品主要是象征主义和表现主义风格，色彩鲜明，形式复杂。1910年前后，他创作了被公认是开启抽象绘画风格的水彩作品，在这些作品中所有描绘性的要素都消失了，充满着激荡、自由、交织的线条、形状、色彩。此后，他的作品更加注重线条、形状、色彩的纯粹表现力。

康定斯基对音乐有着浓厚的兴趣，他认为音乐能够直接触动人的心灵，希望通过抽象绘画也能够达到类似的效果，创造出可以直接引发情感和精神体验的视觉"音乐"。他的很多作品名字都以音乐术语命名，如《即兴》《作曲》等。在1911年的著作《艺术中的精神》中，他曾这样写道："黄色具有轻狂的感染力……犹如刺耳的喇叭声。淡蓝色像一只长笛，蓝色犹如一把大提琴，深蓝色好似低音提琴，最深的蓝色是一架教堂里的风琴。红色像是乐队中小号的音响，嘹亮且高昂。纯粹的绿色是平静的中音提琴。紫色相当于一只英国管或是一组木管乐器的低沉音调……"他不仅开创了抽象绘画的新领域，他的作品和思想对绘画、建筑、设计和其他视觉艺术领域都有深刻的影响，使得视觉形式的表现和内在情感的表达成为艺术创作的重要关注点。

单元教学目标

（1）理解造形与造型的区别、立体图形与平面图形的概念，剪出喜欢的自然万物的剪影，并拼贴组合成一幅平面图形特征明显的剪贴画。

（2）理解线条的作用、封闭图形的概念、音乐与图形的关系，选择一首喜欢的乐曲，用各种封闭图形创作一幅黑白作品。

（3）理解有机图形与无机图形的概念和关系，依据表现大自然的图片，创作一幅富含有机图形与无机图形结合的黑白作品。

Composer IX
瓦西里·康定斯基
图片来源：蓬皮杜美术馆官网

单元重要概念

以下概念界定于本单元主题当中。

1. 立体图形

具有三个维度（长、宽、高）的形态，如球体、立方体、圆锥体、圆柱体等。

2. 平面图形

具有两个维度（长、宽）的形态，是在二维空间中存在的几何形状，如圆形、矩形、三角形等（注：立体图形和平面图形不是指两个物象，而是面对同一物象的不同表现方式。如果关注内轮廓，强调形体透视，画出来的就是立体图形；如果关注外轮廓，强调边缘形态，画出来的就是平面图形）。

3. 轮廓线

形状或物体的外部线条，用于定义图形的外边缘界线，是图形之间的分界线。

4. 线条

在视觉艺术中被广泛应用为描绘轮廓、表示方向、传达情感等。如曲线、直线、折线、粗线、细线、实线、虚线等，统称为"线条"。

5. 封闭图形

由线条围合而成的首尾相连的完整形状，如圆形、正方形、三角形等。

6. 有机图形

形态无规律的、可变异生长的、复杂多样的、非抽象的形状，通常存在于自然当中，如自然景观、花草树木、飞禽走兽等。

7. 无机图形

也可称为"几何图形"，形态规则的、有序的、人造的、抽象的形状，如矩形、圆形、多边形等。

教学重点难点

第一课：拍"平"的世界

1. 教学重点

（1）立体图形与平面图形的关系。

（2）从图片中提取并剪出较为准确的平面图形。

2. 教学难点

（1）如何理解从平面图形的角度观察物象，通过观察生活中的实物与影子的关系，对应立体图形与平面图形的关系。

（2）如何避免以故事情节去拼贴，不要孤立地看待剪出的一个个剪影，让图形之间自由交叠、组合。

第二课：神奇的线条

1. 教学重点

（1）线条与封闭图形的关系。

（2）音乐旋律与封闭图形的关系。

2. 教学难点

（1）如何学会用线条围合出各种各样的封闭图形，注意一定要首尾相连，并且用线条的曲、直变化表现出图形的方、圆、角等形态特征。

（2）如何将抽象的音乐旋律转变成为形象的封闭图形，并且根据乐曲的节奏安排图形的节奏，注意大小错落、疏密有致、黑白相间。

第三课：美妙的图形

1. 教学重点

（1）有机图形与无机图形的特征。

（2）能够画出两者结合的图形。

2. 教学难点

如何理解好的造形是同时具备有机图形与无机图形特征的。在创作时，注意仔细观察对象，发现其中的各种图形，避免原封不动照搬图片，也不能过于大刀阔斧，将生动性概念化。

教学环节提示

作为开篇第一单元，教学关键点在于：一，解释清楚为何用黑白的方式看待所有物象。第二，明确"形"与"型"之间的区别，以及我们使用"形"的原因。在"怎么画"之前，首先要明白"怎么看"。所以，可以设计小游戏环节，带领学生反复对比同一对象的立体与平面带来的不同感受，在此过程中逐渐转变观看角度。另外，让学生在校园里、回家后，多多使用这种平面的方式观察不同类型的事物，由此进入图形的审美世界。第三，将音乐旋律与封闭图形相互连接、双向联想的时候，借助康定斯基的纪录片，让学生借鉴优秀艺术家的思考方法，有据可依，具备理解的基础，启迪创新的可能。

知识延展补充

本单元的跨学科知识主要体现在数学、音乐学科。

第一课：拍"平"的世界

观察物体，其实就是数学中的三视图概念，指从正面、上面、左/右面三个不同角度，观察同一个空间的几何体而画出的图形，包含正视图、俯视图、侧视图，通过三种视图的结合，可以全面展示物体的形状。对应本课的学习重点——立体图形与平面图形其实不是指两个物象，而是面对同一个物象的不同表现方式。

第二课：神奇的线条

音乐图形谱是用点、线、符号、形状、色块、实物等图形，表现音调的高低、节奏的长短、速度的快慢、旋律的走向等所形成的乐谱。属于三大音乐教育体系之一的"奥尔夫音乐教学法"，是将抽象的音乐要素视觉化、形象化、趣味化的一种音乐欣赏的教学形式。通过视觉和听觉的双重引导，帮助学生更加深刻地感知、理解、表达音乐，填补音乐作为听觉艺术的非视觉和非语义的限定。这是一种将音乐转化为图像的艺术创造，同样可以反过来启发在美术创作中运用音乐的元素，这种跨学科结合的典型表现方式，可以同时启发学生对音乐和美术的兴趣与创造力。

第三课：美妙的图形

蜥蜴
莫里茨·科内利斯·埃舍尔
图片来源：https://arthive.com/zh

密铺图形在数学中指使用形状、大小完全一致的多个几何图形，没有空隙和重叠地紧密填充于一个平面。例如，正方形、等边三角形、六边形都可以构成密铺图形。著名荷兰版画家莫里茨·科内利斯·埃舍尔的绘画作品中就将很多数学概念进行形象化表达，密铺图形就是其中之一。密铺图形可以用于创造独特的视觉效果和图案设计，表现重复、律动、变化等，广泛应用于纹样设计、建筑装饰、织物图案等领域。由此可见，数学和美术之间早就存在着深厚的联系，数学提供了理论和方法，帮助我们理解和创造美的形式，美术则赋予数学以感性和想象，使其得以具象化和生动化。

学生作业图例

第一课：拍"平"的世界

张蒙洋（10岁）

周梓欣（10岁）

林子萱（10岁）

郭允熙（10岁）

第二课：神奇的线条

俞子月（11岁）

刘芮舟（11岁）

叶锐希（10岁）

蒋馨悦（10岁）

杨晨宣（10岁）

严宸萱（10岁）

第一单元　形与型

第三课：美妙的图形

叶蓁蓁（10 岁）

潘思睿（10岁）

毛嘉文（10岁）

吴一多（10岁）

相关参考资料

1. 课件

第一课：拍"平"的世界

（钱培丽　提供）

第二课：神奇的线条

（钱培丽　提供）

第三课：美妙的图形

（钱培丽　提供）

2. 专著

（1）胡明哲：《色面造形——岩彩绘画形式骨架》，高等教育出版社2017年5月第1版。

（2）陈文光、王盛、陈静、孙博：《似与不似——岩彩绘画写生课程》，高等教育出版社2019年12月第1版。

（3）胡明哲：《溯源　重生——岩彩绘画课程体系实践轨迹　平面造形》，上海大学出版社2018年11月第1版。

（4）胡明哲：《溯源　重生——岩彩绘画课程体系实践轨迹　似与不似》，上海大学出版社2018年11月第1版。

（5）约翰·伯格：《观看之道》，戴行钺，译，广西师范大学出版社2015年7月第1版。

（6）康定斯基：《康定斯基论点线面》，罗世平，等译，中国人民大学出版社2003年10月第1版。

（7）康定斯基：《艺术中的精神》，余敏玲，译，重庆大学出版社2017年8月第1版。

3. 官网

（1）arthive.com/zh.

（2）蓬皮杜美术馆官网：www.centrepompidou.fr/fr.

4. 微信公众号

（1）岩彩创作。

（2）西岸美术馆。

第二单元　平面图形的奥秘

单元背景介绍

1. 平面图形的历史沿革

"平面图形"这个概念在美术领域被广泛使用，是一个通用术语，用于描述二维空间中的艺术作品或设计元素。从其特征上来看，是指所有点都在同一平面内的图形，如三角形、圆形、长方形等都是基本的平面图形。

平面图形主要来自对空间的理解和对视觉表现方式的需求。从人类早期的洞穴壁画、石碑雕刻等，已经可以看到许多平面图形的运用，这些在美术史中有着深刻的意义，对之后的艺术创作产生着持续的影响。一方面，理解和运用平面图形是视觉艺术创作的基础。因为无论是古典的油画、素描，还是现代的平面设计、动画制作，都离不开平面图形。另一方面，对平面图形的探索和实验也推动了美术理论与创作的不断发展。美国艺术批评家克莱门特·格林伯格在《现代主义绘画》中曾写道："二维的平面是绘画艺术唯一不与其他艺术共享的条件。因此，平面是现代绘画发展的唯一方向，非她莫属。"这段文字清晰地表明了绘画艺术独一无二的特征是平面，平面性与绘画载体的二维性彼此相匹配，由此可见，现代主义绘画对于平面性的重视，以及掌握平面图形的重要性。

法国拉斯科洞穴壁画
图片来源：国家地理杂志官网

人物御龙画像砖
图片来源：故宫博物院官网

2. 美术史中相关代表画家

（1）（法）保罗·塞尚：被誉为"现代艺术之父"。他看待自然万物的方式如同将它们分解成了各种基本的几何形状，主张用圆柱体、圆锥体、球体来表现自然，常以黑线勾画物体的轮廓，无论是近景还是远景，都被拉到同一个平面，形成一种几何化倾向的画面结构。他的艺术观点与创作风格直接影响了之后的野兽派、立体派。

一篮苹果
保罗·塞尚
图片来源：芝加哥艺术学院博物馆官网

（2）（法）亨利·马蒂斯：野兽派创始人。作品以大胆浓烈的色彩和简洁概括、趋于平面化的风格而闻名，他强调绘画的平面性和色彩的表现力，一生孜孜不倦地对画面的平面化不断探求，通过发掘平面化的纯粹价值实现画面的本质所在。

舞蹈
亨利·马蒂斯
图片来源：艾尔米塔什博物馆官网

（3）（西）巴勃罗·毕加索：立体派的创始人之一。他的作品与以往的焦点透视法不同，将描绘物象分解，再把多个角度同时呈现于二维平面上，用各种不同形态的平面图形组构画面，这种表现方式极大丰富了平面图形的表现力。

格尔尼卡
毕加索
图片来源：马德里国家索菲亚王后美术馆官网

选取这三位艺术家作为本单元主题的关联代表人物，是因为他们在绘画创作中对于物象的观察方法有着前所未有的突破转变，对于画面平面化、几何化的表达有着相互关联又各自不同的创新理解。他们推动了20世纪的艺术发展，至今都产生着深远的影响。

3. 正负形的历史沿革

"鲁宾杯"由丹麦心理学家埃德加·鲁宾在 1915 年首次提出。这个图像的设计极其巧妙，它既可以被看作是一个处于中央的杯子（或者说是一个宽口的花瓶），也可以被看作是两张面对面的人脸的侧面轮廓。这就意味着，人眼看到的形象取决于把注意力放在图像的哪个部分——是黑色的杯子，还是白色的人脸。这是一种典型的"正负形"效果，揭示了人脑如何处理视觉信息，并在其中寻找和识别形状。这个例子说明了正负形不是固定不变的，而是随着关注点的变化随时转换，正形、负形都是图形，所以又称"鲁宾反转图形"。

人的视觉感知不仅仅是对眼睛接收到的光线的被动反应，而是一个主动的动态过程。"正负形"的运用，有助于更加深刻地理解和探索视觉艺术语言，为视觉艺术创作提供许多灵感，比如，可以创造出同时包含多个形象的绘画作品，还可以创造出蕴藏巧妙含义的标志或者图形设计。运用正负形关系呈现的作品，往往具有较强的视觉冲击力与平衡的画面节奏感。

鲁宾杯

图片来源：www.pinterest.com

4. 具象艺术与抽象艺术

特意提出具象艺术和抽象艺术，是想与本单元的其中一组重要概念具象与抽象进行区别。具象艺术是一种通过对现实世界的事物进行模仿再现的艺术形式，其作品中的艺术形象具有可辨识性、视觉真实性、客观性、情节性、叙事性，例如古希腊雕塑、写实主义作品等。相较于具象艺术，抽象艺术起源于 19 世纪末 20 世纪初，它并不试图准确描绘现实世界的外在形象，而是通过形状、色彩等的自由组合来表现艺术家的情感。具象艺术和抽象艺术之间不是相互排斥的，在实际创作中，艺术家们并不会把两者完全割裂，而往往处于两者之间，或者将两者融合。具象艺术作品中包含着或多或少的抽象因素；同样，抽象艺术也是从对具象世界的观察中进行提炼。可以说，两者是你中有我，我中有你的。艺术创作的空间是极为广阔的，具象艺术与抽象艺术给人们带来了丰富多样的审美感受，有着互不可替代的美学价值。

拾穗者
让－弗朗索瓦·米勒
图片来源：奥赛博物馆官网

秋天的旋律，第 30 号
杰克逊·波洛克
图片来源：大都会博物馆官网

单元教学目标

（1）理解基本形和母形的概念，独立完成一张具有明显基本形和母形特征的岩彩标本线描写生作品。

（2）理解正负形的概念，拼贴设计出一个有创意的正负形图形组合。

（3）理解整体与局部、具象与抽象的概念，灵活运用点、线、面，画出一张局部放大视角的线稿作品。

单元重要概念

以下概念界定于本单元主题当中。

1. 基本形

最基本的形状，如圆形、方形、三角形等，是所有复杂形状的基础。在观察物象时，对其整体外形的高度概括而产生的视觉图形，反映物象最基本的形状特点，呈现几何化特征。

2. 母形

其他形状可以通过变化这个母形而得到。在基本形的基础之上，不断繁衍、变异，是画面中最主要的、最明显的图形特征。

3. 正负形

正形与负形是相对而言的，既独立存在，又是一个整体，两者可以随时转换，具有独特的循环运动效果。

4. 整体/局部

两种不同的观看视角。观看物象可以从整体视角把握，看到的是一个完整的物象；局部视角看到的通常是平时发现不了的细节。

5. 具象/抽象

绘画中的具象与抽象，不是指两个完全不同的事物，而是对于同一个事物的不同观看视角。具象，具体的形象，指看到的是具体的、可辨识的客观世界中的物象，如人物、静物、风景等；抽象，本质的形象，指看到的是客观物象中的图形、线条、明暗等绘画的基本要素。

教学重点难点

第一课：显微镜下的岩彩

1. 教学重点

通过观看显微镜下的微观岩彩和实物岩彩标本，理解基本形和母形的概念。

2. 教学难点

如何观察岩石标本，发现其中的基本形和母形，并较为准确又有一定概括性地用封闭图形写生出来。

第二课：拼图游戏

1. 教学重点

（1）理解正负形的概念与特征。

（2）掌握正负形的设计思路。

2. 教学难点

如何打破对正负形的固有理解——物体是正形，背景是负形。重点在于眼睛的关注部分，正形可以是负形，负形也可以是正形。

第三课：如果我是蚂蚁

1. 教学重点

（1）理解整体与局部、具象与抽象的概念以及两者之间的关系。

（2）学会以特殊视角观察、发现、描绘日常事物。

2. 教学难点

（1）如何理解整体与具象、局部与抽象的关联与区别。

（2）如何避免将"具象与抽象"和"具象艺术与抽象艺术"混淆。

（3）如何运用点、线、面等绘画基本要素写生特殊视角的事物，避免局部放大后事无巨细，要结合基本形、母形，学会有所取舍。

教学环节提示

（1）介绍微观世界的影片片段（《小小世界》全2季、《影响世界的中国植物》等）。

（2）与自然课堂联合，借助高倍显微镜观察岩彩实物标本。还可鼓励学生寻找各种自己喜欢的物品进行放大、局部观察。

（3）设计正负形时特别注意图形的象征含义的联想，引导学生时刻关注图形与含义的对接。

知识延展补充

本单元的跨学科知识体现在自然科学。

第一课：显微镜下的岩彩

作为认识更多岩彩的补充，提供更多岩彩标本的目的是让学生进一步理解有着不同基本形和母形的岩彩，这些形状和它们的质地是息息相关的。比如花岗岩的晶体结构如同魔方，方形平整排列，质地非常坚硬。大理石的晶体呈类圆形，质地细腻且较柔软。玄武岩的节理多呈五边或六边形柱状，耐久性高。沉积岩的颗粒呈类圆形，空隙处填满胶结物，质地松软。之所以会有不同形状的岩彩，是因为每一种岩彩的质地都是有所区别的。

显微镜下的花岗岩

显微镜下的大理石

显微镜下的玄武岩

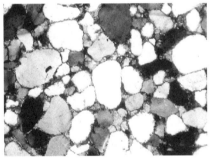
显微镜下的沉积岩

图片来源：岩彩创作微信公众号

第二课：拼图游戏

把正负形与生活中最为常见的"＋"和"－"这两个符号联系起来。"＋"和"－"起源于数学领域，据传是 15 世纪德国数学家魏德曼所创，1514 年荷兰数学家赫克把它 z

作为代数运算符号。在电学中，"+"和"—"符号用来区分电池的两极，正极指流出电流的一端，负极指接收电流的一端，这基于18世纪美国物理学家本杰明·富兰克林的假设。时至今日，"+"和"—"符号多应用于表达数量、指示方向、区分极性等方面。

第三课：如果我是蚂蚁

  蜻蜓的复眼由成千上万个独立的六边形单元组成，每个单元都有自己的凸透镜和光感受器，可以看见环境的一个部分图像，与电视屏幕显像是由许多光点构成的原理类似。所有的部分图像聚集后，形成一个由类似像素点组成的马赛克图像。复眼的好处是可以迅速观察事物，上部分看远处，下部分看近处，这种视觉系统几乎可以360度无死角。世界上有差不多1/4的动物是有复眼的，除了蜻蜓，还有苍蝇、蜜蜂、蚊子、蛾子等昆虫，虾、蟹等甲壳类动物也都长着复眼。鱼的眼睛也有类似人眼的晶状体，呈圆球形，不同于人眼的晶状体像凸透镜。而且，鱼眼通常在头的两侧，这导致了鱼的视野角度大于人的视野角度。

  了解更多不同昆虫、动物的视角，其实是想进一步说明，人的常规视角是整体的、具有辨识性的，而在美术创作中，要勇于突破，寻找非常规视角，才能看到貌似平凡的世界中蕴藏着的许许多多的不平凡，才能进入纯粹的图形审美的领域。

学生作业图例

第一课:显微镜下的岩彩

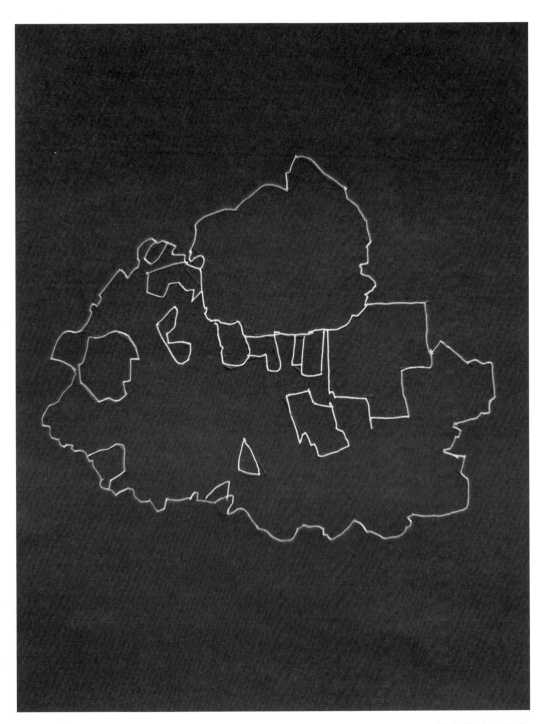

黄小萌(11岁)

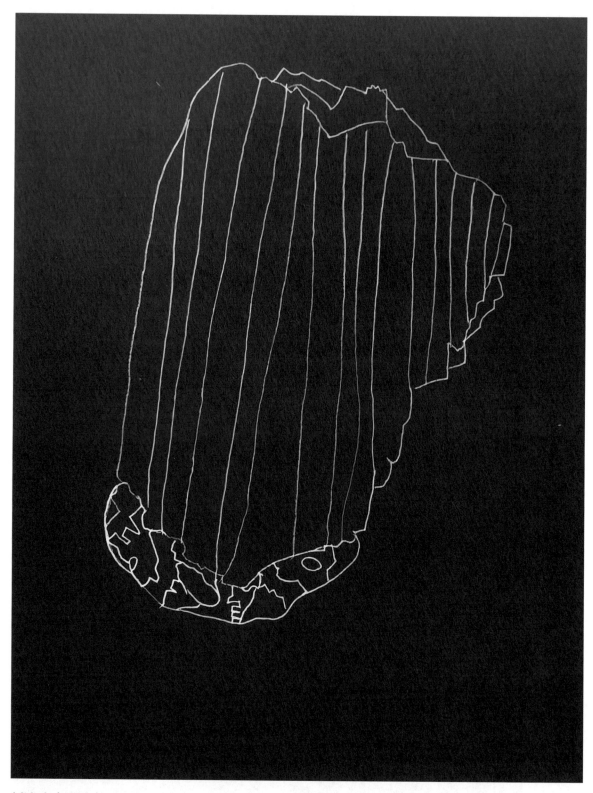

刘沛琦（11岁）

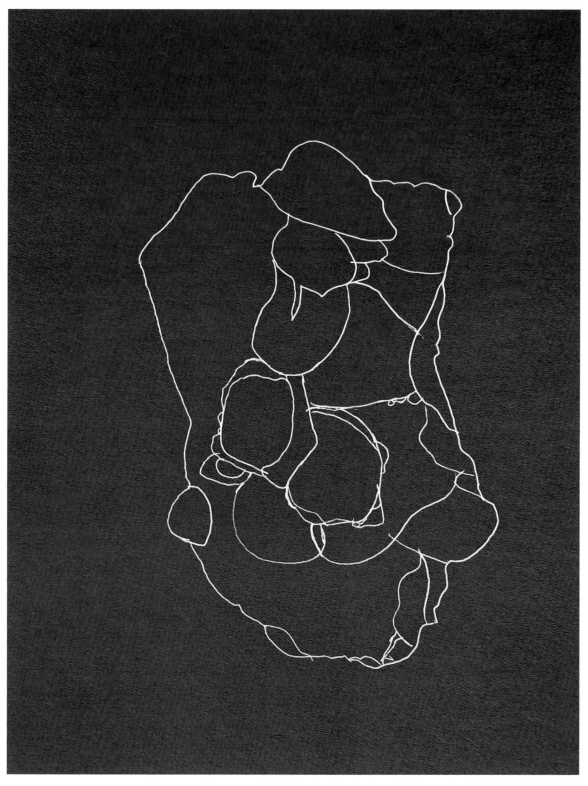

罗安琪（11岁）

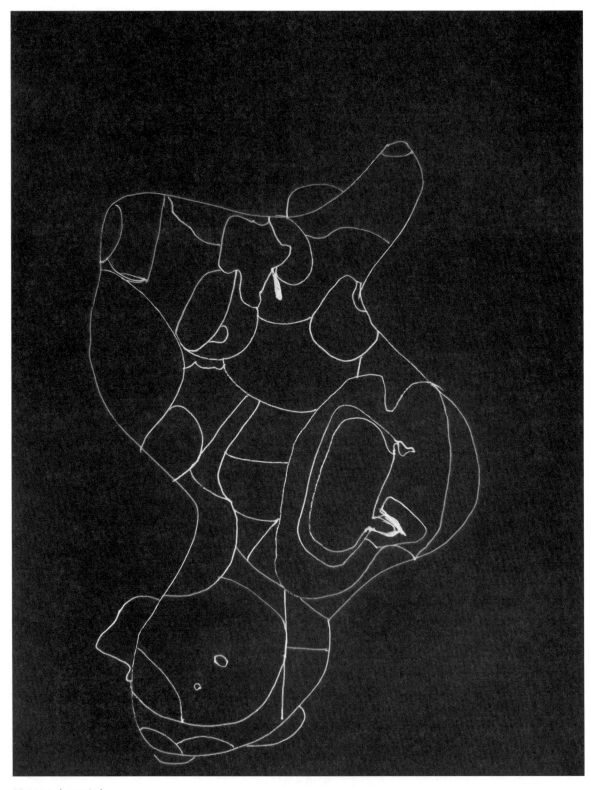

姚雨彤（10岁）

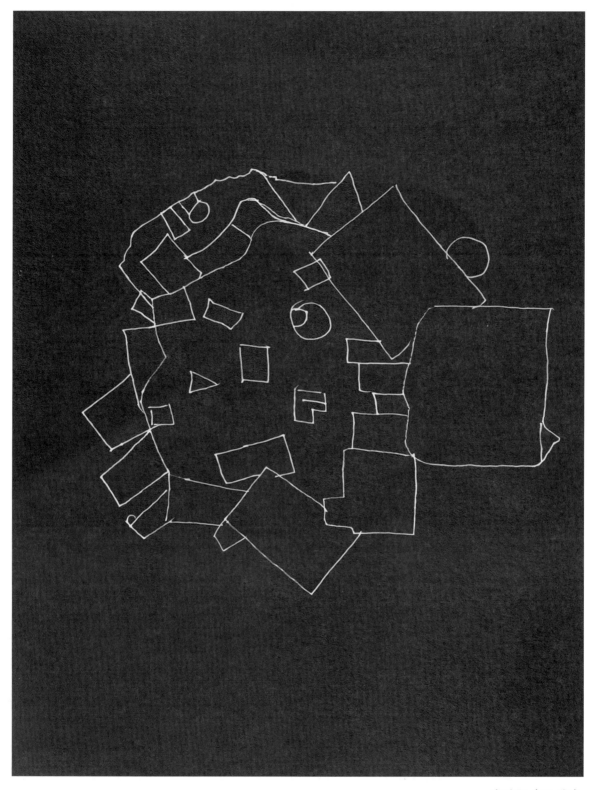

袁欣月（11岁）

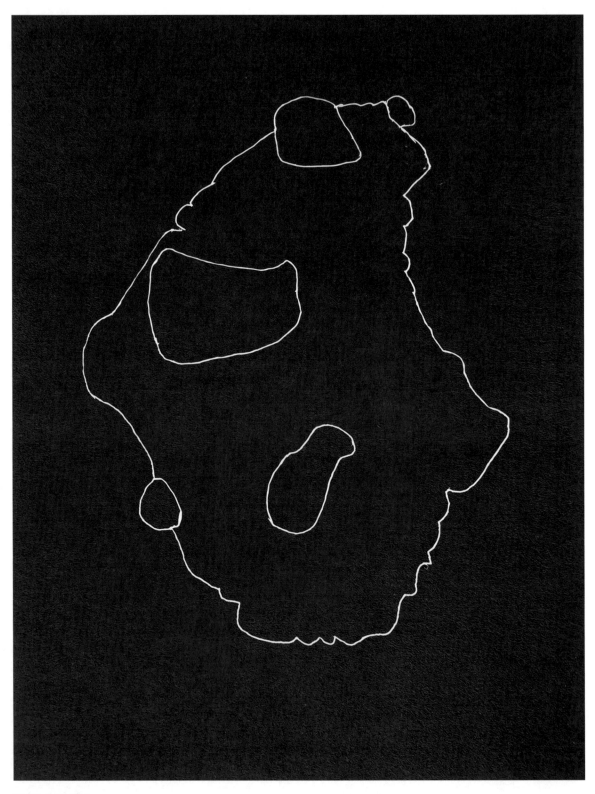

张睿（11岁）

岩彩初识（造形篇）

第二课：拼图游戏

毕若晨（10岁）

戴葭祎（10岁）

石一涵（10岁）

王诗颖（10岁）

第三课：如果我是蚂蚁

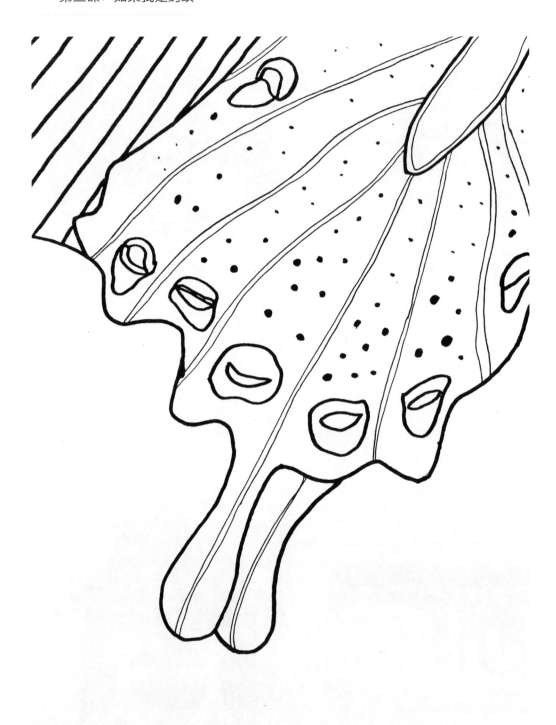

邓文轩（12岁）

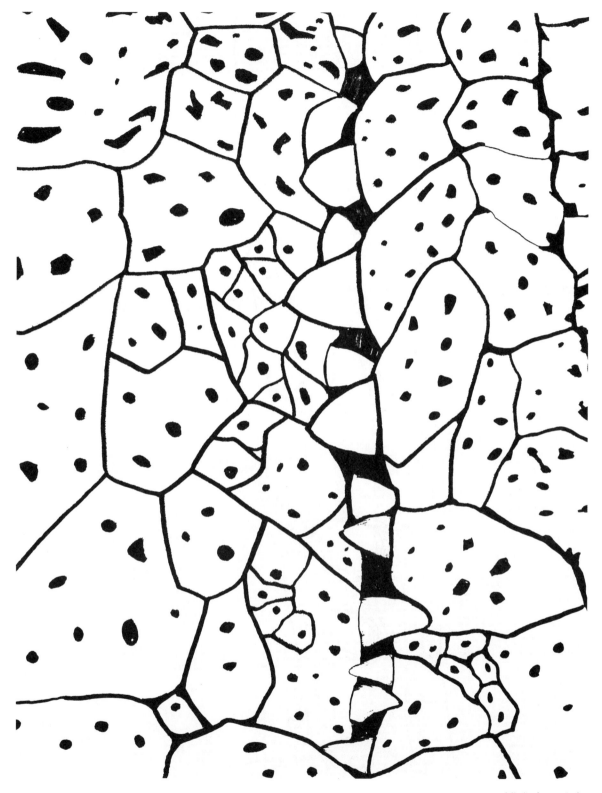

顾博雅（12岁）

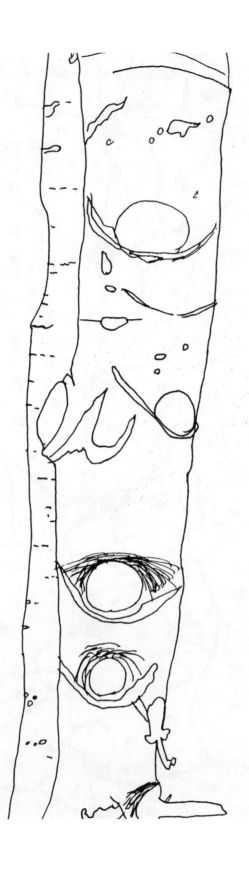

刘佳祺（12岁）

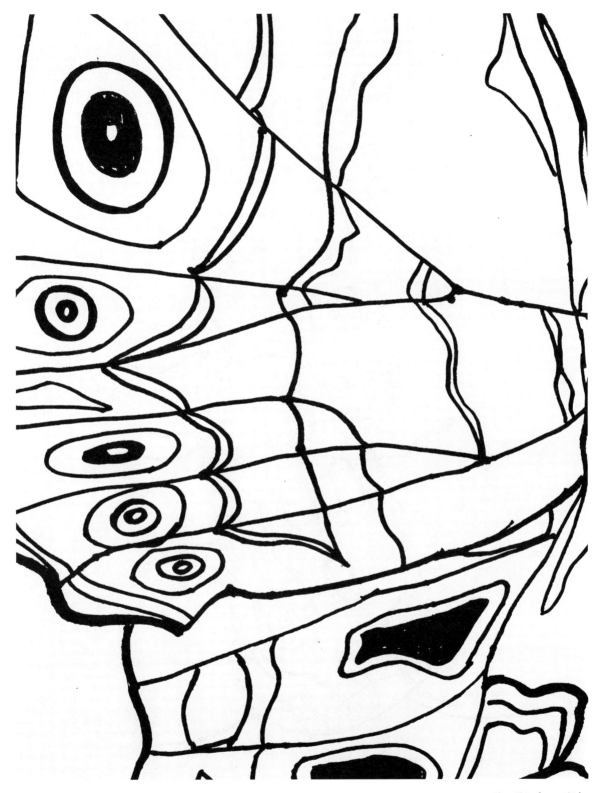

陶昕妤（12岁）

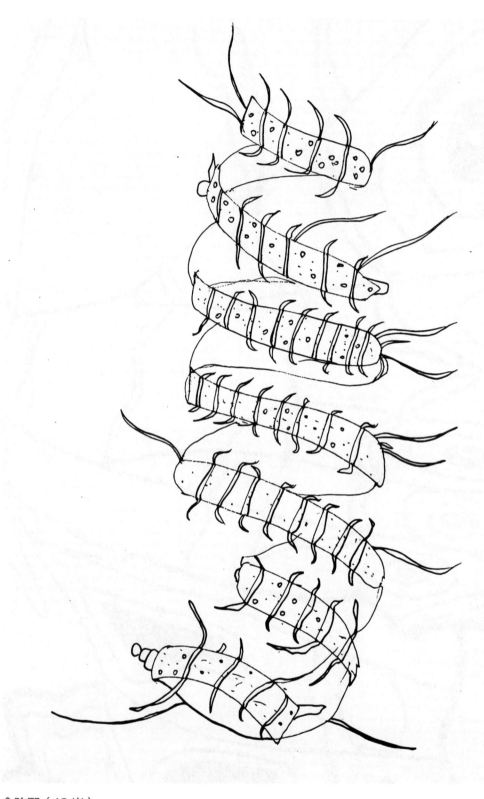

俞陈熙（12岁）

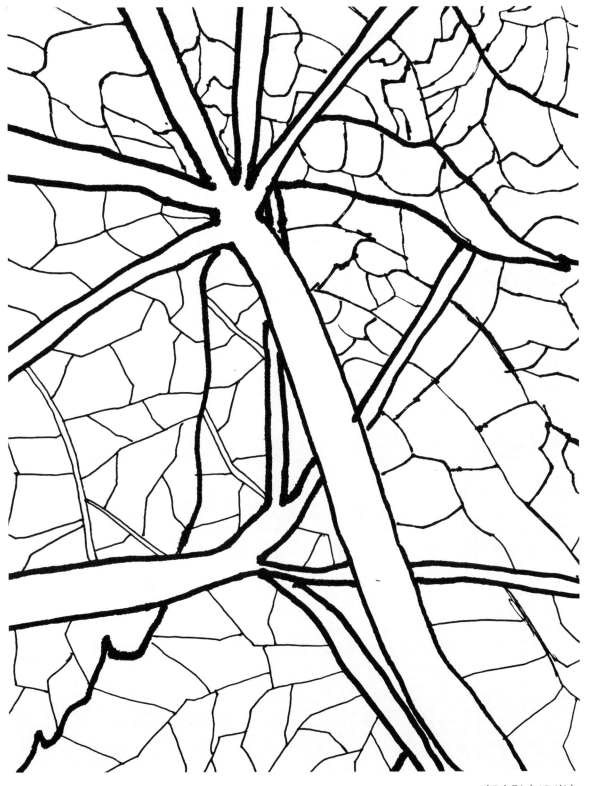

邹晓彤（12岁）

相关参考资料

1. 课件

第一课：显微镜下的岩彩

（王璐　提供）

第二课：拼图游戏

（王丽丽　提供）

第三课：如果我是蚂蚁

（王璐　提供）

2. 专著

（1）胡明哲：《色面造形——岩彩绘画形式骨架》，高等教育出版社 2017 年 5 月第 1 版。

（2）胡明哲：《溯源　重生——岩彩绘画课程体系实践轨迹　平面造形》，上海大学出版社 2018 年 11 月第 1 版。

（3）玛丽·汤姆金斯·刘易斯：《艺术与观念：塞尚》，孙丽冰，译，北京美术摄影出版社 2019 年 2 月第 1 版。

（4）莱内·马利亚·里尔克：《观看的技艺：里尔克论塞尚书信选》，光哲，译，商务印书馆 2019 年 6 月第 1 版。

（5）杰克·德·弗拉姆：《马蒂斯论艺术》，欧阳英，译，山东画报出版社 2004 年 3 月第 1 版。

（6）亨利·马蒂斯：《马蒂斯艺术全集》，王萍、夏颦，译，金城出版社2013年8月第1版。

（7）约翰·理查德森：《毕加索传：1907—1916（卷二）》，阳露，译，浙江大学出版社2017年6月第1版。

3. 官网

（1）中国地质博物馆：www.gmc.org.cn.

（2）上海自然博物馆：www.snhm.org.cn.

（3）国家地理杂志：www.nationalgeographic.com.

（4）故宫博物院：www.dpm.org.cn.

（5）芝加哥艺术学院博物馆官网：https://www.artic.edu/

（6）艾尔米塔什博物馆：www.hermitagemuseum.org.

（7）马德里国家索菲亚王后美术馆：www.museoreinasofia.es.

（8）www.pinterest.com.

4. 微信公众号

（1）岩彩创作。

（2）世界艺术大师。

第三单元　解锁新世界的钥匙

单元背景介绍

1."观看"方式的历史沿革

观看方式的转变带来了艺术样式的发展和风格流派的形成，同时，这些与时代背景、社会文化、宗教信仰、哲学思想、科技进步等也是密切相关的。在西方古典时期，尤其是古希腊和古罗马时代，艺术创作主要以真实性和理想化为基础，其观看方式侧重于艺术作品的具象性和物质性，注重比例的优美。中世纪间，由于宗教对社会的主导作用，这时的艺术作品对现实的再现不再重要，更多是以象征性和神秘性的方式来创作以满足宗教的需求，因此几乎不涉及人类的主动观看。到了文艺复兴时期，随着科学和人文思想的复兴，观看方式发生了重大改变。艺术家们开始注重现实和透视法，对光影和比例进行更深入的探索，试图真实地再现世界。19世纪末20世纪初，随着工业化和科技化的发展，现代艺术兴起，艺术家们开始反抗传统，寻求新的表现手法，观看方式继续转变。印象派关注光线和色彩的变化；立体派打破传统透视，探索从多角度观察物体；抽象派则抛弃具象，强调色彩、线条和形状等纯粹的视觉元素。之后的当代艺术中，观看方式变得更加多元和开放。艺术家们不再局限于传统的绘画和雕塑，开始探索新的媒介和表现方式，如装置艺术、行为艺术、数字艺术等，也更加注重观众的参与和互动。

在中国，最早的艺术形态诸如新石器时期的彩陶、岩画，其内容来源通常为当时的祭祀活动、社会仪式等，这时的观看方式是非常直接且具有功能性的，有明显的象征意义和装饰意味。之后的石窟、墓室、寺院壁画与宗教息息相关，描绘的多为宗教教化故事、供养人生平故事等，与现实有一定的关联，但又和真实物象有较大的差距，观看方式不是写实的，而是平面的且有一定的程式化。随着纸绢的发明，绘画形式发生了本质改变，以文人画为例，对现实的观看方式主观性极强，更加注重绘画过程和自我体验，表现的是集体或个人崇尚的品格、意境、修养。尤其是卷轴的诞生，无论是创作者还是观者都需逐步展开卷轴来创作或观看，这是一种时间和空间的延展，再加上诗文、印章，形成了书画印一体的多重观看和解读维度。进入近现代，与西方艺术接触之后，观看方式的发展总体趋同。

观看方式的转变，反映出人们认知和表现世界的方式在不断发生变化，进而影响了对艺术作品的创作和理解。它是非常重要的基础变化，能够开启新的创作视角，带来新的思维方式，呈现新的艺术样貌，是艺术创作持续发展的重要动力。与之伴随的还有新的艺术理论的产生，观众的欣赏方式和审美理念的改变。

2."形式"的历史沿革

首先将"形式"一词的范围界定于绘画领域。在古希腊时期，形式美主要体现在对于比例、对称和节奏的研究。比如，古希腊的雕塑和建筑都遵循"黄金分割"的比例规则，这种规则被认为是形式美的象征。形式是艺术作品的基础，它决定了作品的整体视觉效果。艺术家通过图形、色彩、材质等要素创造形式，形式结构是艺术作品的骨架，好的艺术作品都有完整的形式结构，形式建构是艺术作品的创造过程，体现了艺术家的独特视角和思考方式，通过形式建构，最终达到形式美的呈现。

特别需要提出"有意味的形式"这个词语。1914年，英国美学家克莱夫·贝尔在《艺术》一书中主张形式是艺术的本质，认为艺术的基本元素是线条、色彩和形状等，这些元素的组织方式即形式，能够产生特定的审美情感，这就是有意味的形式。

3. 画面图形语言秩序的搭建

优秀绘画作品的画面图形语言秩序是条理清晰的，反之，不好的绘画作品的画面图形语言秩序是混乱模糊的。绘画是画家们在有限定的二维平面空间中编排图形、色彩、材质的创作行为。其中，图形是绘画作品最根本的基础。将图形的各种形态，通过图形语言结构的灵活组织，形成既对比又和谐的图形语言秩序，简而言之就是形式构成秩序。好的语言秩序的特点可以概括为调式明确、层次分明、由表及里、有机关联。

以英国艺术家大卫·霍克尼的作品为例。有着"英国艺术教父"之称的他，游泳池这个题材是其创作的象征性标志之一，持续了数十年之久。观察对象是同一个，但每一张作品都是不同的。在他的画面中，泳池、楼梯、水纹、人物、植物的物理结构是不完整的，甚至是不合理的。但是，各种图形形成的不同趋势、调式的有机组合，却有着严谨且合理的图形语言秩序。可见，他孜孜不倦研究的是如何创造出具有丰富、奇特的形式结构的画面。

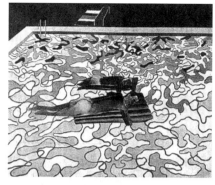

大卫·霍克尼作品（黑白图）

图片来源：《色面造形——岩彩绘画形式骨架》

吻（左：原图，右：黑白图）
古斯塔夫·克里姆特
图片来源：奥地利美景宫美术馆官网

4. 形式与情感的关系

在绘画作品中，形式与情感是缺一不可的两个方面，两者紧密关联，相辅相成。形式是艺术家传达情感、理念的载体，情感则是艺术家创作的动力和源泉。形式表达情感，例如，圆润的图形可能表达优雅或柔和，尖锐的图形可能传达紧张或冲突。情感影响形式，例如，当艺术家感到愤怒或热情时，可能会选择动态的图形；而在感到宁静或忧郁时，可能会选择平直的图形与之对应。作品的形式也能够唤起观众的情感反应，引发对作品的深入理解与欣赏。

以古斯塔夫·克里姆特和埃贡·席勒的作品为例。在去除色彩之后，作品的形式结构更加明显。以长方形为母形，整幅画面分割成三竖一横的大长方形，横竖交织的浅灰长方形居中，穿插着黑、白相间的小长方形和圆形。长方形在左，圆形在右，从下往上，由小至大地汇集到最上方，就是画面的视觉焦点。再仔细看，会发现原来长方形代表男性，圆形代表女性，方圆交汇之处就是这幅作品《吻》想要传达出的男女之间的甜蜜爱情。

再来看席勒的这幅作品《死神与少女》，画面中以各种面积大小不同、黑白灰调式不同的"C"字形作为母形，从大到小，层层相扣，在整体灰调上有一个白色的大"C"，里面又有一黑一灰两个"C"对扣，特别绝妙的是黑形上的一条白色细小的"C"，将黑形一分为二，又与最大的白形相连，这些图形的组合带来一种温暖、安心的感受。同样进一步观看，就会发现画面中表现的确实是拥抱的场景，如释重负的环抱和充满关怀的抚慰是这幅作品的情感呈现。通过以上两个例子可以说明，形式与情感是相互作用、相互联想、相互引申的，找到恰如其分的视觉形式与想要表达的情感准确对接，是至关重要的。

单元教学目标

（1）理解调式和趋势的概念、作用，根据《书桌一角》写生稿，用黑白灰纸片剪贴完成一幅调式明确、趋势明显的新作品。

（2）理解图形编织的方法和规则，使用这种方法为自己设计一件黑白灰母形组合丰富的新校服。

（3）理解"第三者"图形的概念和生成方法，依据自画像，通过图形串联创作一个自己的专属面具。

单元重要概念

以下概念界定于本单元主题当中。

1. 调式

音乐术语，指若干个乐音按照一定的音程关系组合，

死神与少女（上：原图，下：黑白图）
埃贡·席勒
图片来源：奥地利美景宫美术馆官网

以其中一个音为主音所形成的体系，是音乐的一种组织结构形式。在视觉艺术中，"调式"是指作品的整体明度，用黑、白、灰对画面丰富的明度差别进行最本质的概括，与音乐里的解释相似，每幅作品也要以一个调式为主，例如黑多的低调式，白多的高调式，灰多的中调式。无论是在音乐还是美术中，调式都可以用来描述艺术作品的整体氛围或传达艺术创作者的情绪感受。

2. 趋势

在绘画作品中，指对画面图形走势方向的概括，可以分为横、直、斜（注意不是横平竖直，斜也不是对角线）。每幅作品要趋势明确，以一个趋势为主，而且是自然而然生成的，不是先期概念化的预设，也不是后期生硬的强制性结果。

3. 图形编织

一种组织图形的方法。当黑、白、灰进入画面图形中，会形成明度清晰的视觉节奏，这时将黑、白、灰图形按照图形语言秩序组合、连接，使得黑、白、灰之间大、中、小面积互相交错、咬合、穿插，最终目的是形成完整的画面形式结构。

4. "第三者"图形

两个图形或多个图形串联后产生的新图形。需要突破自然物象的完整，再生出抽象的趣味图形。这是即兴的图形联想与偶然的图形碰撞得到的陌生而奇特的形态，是无法在脑中凭空想象的，是创造绝妙的画面形式结构的关键，是激发创造力、想象力的"钥匙"。

教学重点难点

第一课：变变变

1. 教学重点

（1）明白什么是调式和趋势。

（2）在写生稿中较为准确地描画出母形。

（3）依据原写生稿，用黑白灰纸片重新剪贴一幅新作品。

2. 教学难点

（1）如何让学生明白为什么在创作时要做到调式明确、趋势明显，这需要大量的作品欣赏。

（2）如何引导学生剪出与画面大小、形状有相似感觉的图形，这需要设计一些小技巧或借助工具辅助。

第二课：夹馅饼

1. 教学重点

（1）理解什么是黑白灰图形编织。

（2）学会怎样找到母形。

（3）在原有校服线稿中用黑白灰涂色的方法重新画出一件有全新母形组合的新校服。

2. 教学难点

（1）如何引导学生在课前准备的校服线稿中大胆添画图形，这是之后能够顺利进行黑白灰图形编织的基础。

（2）如何在前一课调式明确、趋势明显的基础上，再完成黑白灰图形相间分布的要求。

第三课：联想王国

1. 教学重点

（1）明白"第三者"图形的含义和图形串联的方法。

（2）了解丰富多彩的图形串联可以引发异想天开的联想空间。

2. 教学难点

（1）如何引导学生在自画像上添加各种丰富图形。

（2）如何让学生不被自画像的五官束缚，凭直觉串联黑白灰，形成有趣奇特的"第三者"图形。

教学环节提示

（1）利用半透明的硫酸纸帮助学生更准确地描画图形。

（2）为了更加容易达到调式明确的要求，可以直接让学生选择相应的黑白灰色纸做底。

（3）可将《学生实践手册》中"加油站"的部分作为课堂教学的体验环节，帮助学生更好地理解课程的重点难点，同时增强师生互动和教学趣味。比如，第一课的拓展部分，让学生学会记录影子的方法，复习第一单元重点内容的同时，更进一步体会睁开形态之眼后看到的世间万物的图形之美。

（4）可将作业拆解、分步进行，设计学生互相检查、交流建议等环节，提升课堂效率和完成质量。

知识延展补充

本单元的跨学科知识主要体现在劳动教育与戏剧学科。

第一课：变变变

请参考上一部分内容。

第二课：夹馅饼

将图形编织的方法形象化为"夹馅饼"，以此去观察、发现生活中相似的饮食，创意更多"夹馅饼"的美食，挖掘并创造食物中的图形编织之美。培养学生从小具备热爱生活的能力，拥有从平凡中发现美的眼睛，提高学生自主劳动的兴趣和乐趣，达到美育与劳育的自然结合。

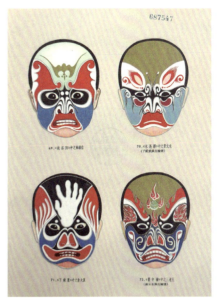

部分川剧脸谱

图片来源：巴蜀文史微信公众号

第三课：联想王国

　　川剧是一种传统的中国戏曲形式。起源于中国的四川省，主要流传在四川、云南、贵州等地，唐代曾被称为"川戏"，后来在清末民初时，统称"川剧"。川剧有大量的传统剧目，内容涵盖了历史、神话、传说、现实生活等各个方面。其中，最为让人津津乐道的就是"变脸"技艺，即演员在舞台上快速更换面具，表现出角色情绪的变化，通常以吹脸、扯脸、

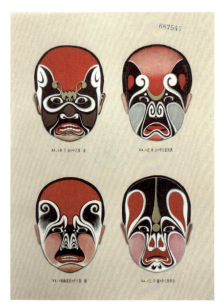 

部分川剧脸谱
图片来源：巴蜀文史微信公众号

抹脸的方式表现。吹脸时需闭眼、闭口、闭气，在某个伏地动作时，将藏于舞台地面小盒子里的有色粉末吹到脸上。扯脸是在演出过程中迅速巧妙地将事前贴在脸上的绘有不同脸谱的薄绸一层一层揭去。抹脸是让脸谱局部发生变化，演员将之前涂抹于手上的油彩在做某个动作时涂到脸的某个特定部位。川剧具有深厚的地方特色和文化内涵，是中国文化遗产的重要组成部分，也是世界级的非物质文化遗产。川剧中的变脸把看不见摸不着的抽象的人物情绪和心理状态变成看得见摸得着的视觉艺术形式——脸谱。同样的五官元素，通过图形、色彩的组合变化，幻化出无数张各不相同的脸谱，呼应《学生实践手册》课程内容中的"留心寻"环节。并且将课程中学生创作的自画像面具与川剧变脸的形式结合起来，让静态的画面运动起来，视觉上产生更多意外的图形串联效果，也启迪了无限的想象空间。

学生作业图例

第一课：变变变

黄梓萱（10岁）线稿

黄梓萱（10岁）黑调

介艾琳（10岁）线稿

介艾琳（10岁）白调

肖智瑄（10岁）线稿

肖智瑄（10岁）黑调

孙思若（10岁）线稿

孙思若（10岁）灰调

第二课：夹馅饼

黄梓萱（10岁）

张君雨（12岁）

第三课：联想王国

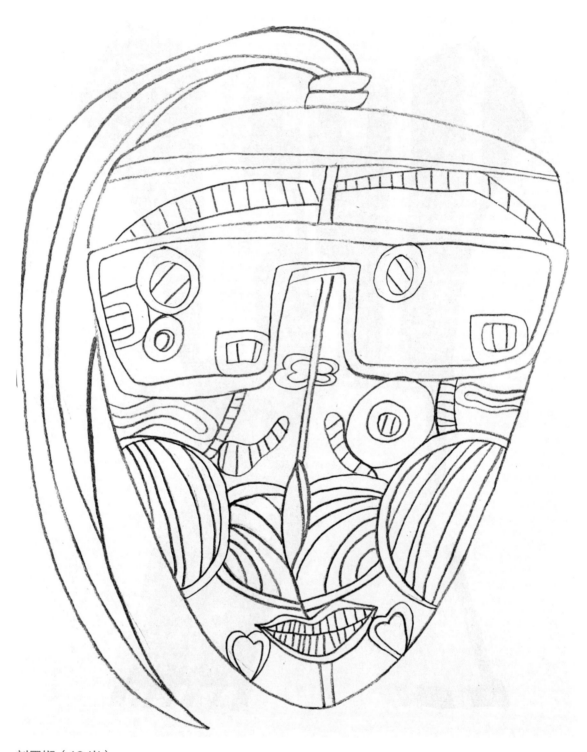

刘思娴（10岁）

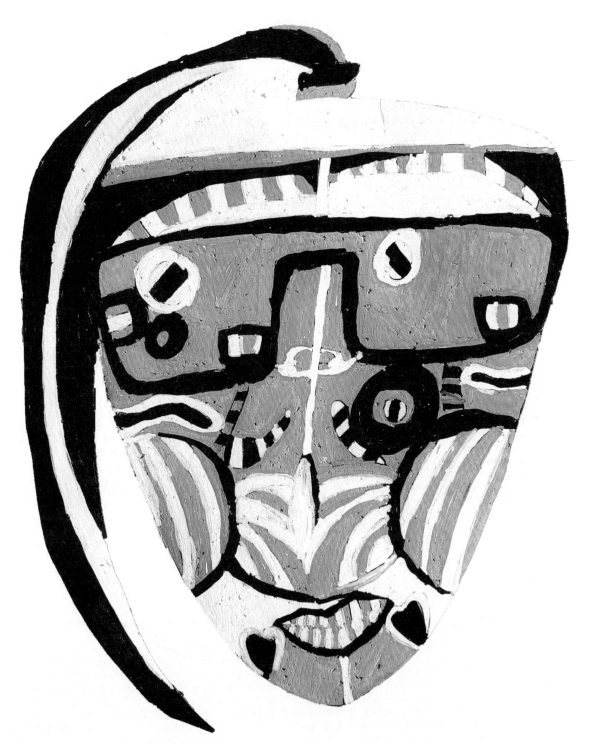

介艾琳、刘思娴（10 岁）合作

刘易珂（10岁）

刘易珂、张乐瞳（10岁）合作

张思颖（10岁）

张思颖、黄梓萱（10岁）合作

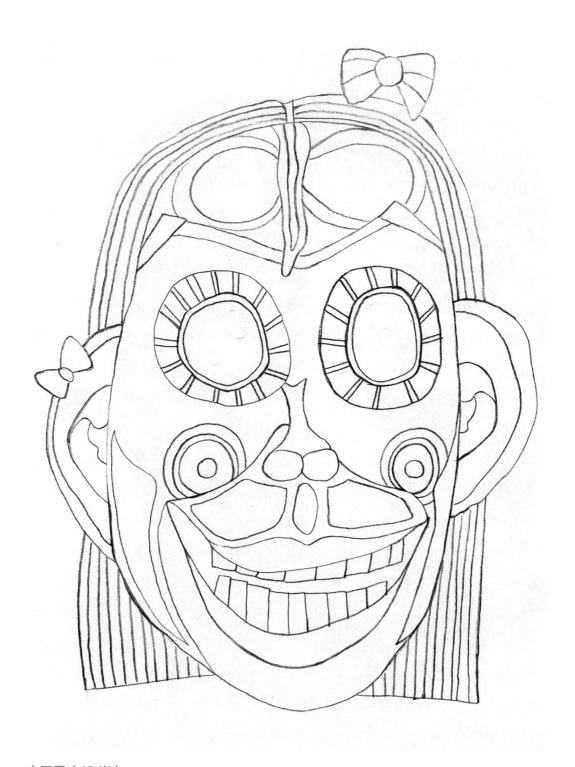

火子雯（10岁）

火子雯、吴佳倪（10 岁）合作

肖智瑄（10岁）

肖智瑄（10 岁）

相关参考资料

1. 课件

第一课：变变变

（王依曼　提供）

第二课：夹馅饼

（王依曼　提供）

第三课：联想王国

（王依曼　提供）

2. 专著

（1）胡明哲：《色面造形——岩彩绘画形式骨架》，高等教育出版社 2017 年 5 月第 1 版。

（2）胡明哲：《溯源　重生——岩彩绘画课程体系实践轨迹　平面造形》，上海大学出版社 2018 年 11 月第 1 版。

（3）约翰·伯格：《观看之道》，戴行钺，译，广西师范大学出版社 2015 年 7 月第 1 版。

（4）胡明哲：《形态繁衍——图形创造能力训练》，人民美术出版社 2004 年 6 月第 1 版。

（5）赵经寰：《形式美学入门 怎样创造美的画面》，辽宁美术出版社 1998 年 1 月第 1 版。

（6）朝仓直巳：《艺术·设计的平面构成》，林征，林华，赵郧安，译，江苏科学技术出版社 2019 年 11 月第 1 版。

3. 官网

(1) 奥地利美景宫美术馆：www.belvedere.at.

4. 微信公众号

(1) 岩彩创作。

(2) 巴蜀文史。

第四单元　形说"龟兹壁画"

单元背景介绍

1. 龟兹壁画的历史渊源

龟兹壁画的产生与龟兹古王国的历史背景紧密相连。曾为西域强国之一的龟兹古王国位于古代丝绸之路的要冲，以中国新疆阿克苏地区的库车为中心，因地理位置特殊，经济发展迅速，文化交流频繁。大约于3世纪，龟兹石窟群始建，最繁盛时期为4—8世纪。龟兹石窟是古龟兹境内20余处石窟群的总称，包含有拜城县的克孜尔石窟、台台尔石窟、温巴什石窟，库车县的库木吐喇石窟、克孜尔尕哈石窟、森木赛姆石窟、玛扎伯哈石窟、苏巴什石窟、阿艾石窟，新和县的托呼拉克艾石窟，以及历史上属于龟兹的温宿县沙依拉木石窟、喀拉玉尔滚石窟等。龟兹石窟现存700余个洞窟，近1万平方米壁画以及少量彩绘塑像。由于年代久远、自然剥落、洪水灾害等自然因素与人为破坏的双重损害，现存壁画几乎无一完整，多已斑驳残缺。再加之，19世纪末至20世纪初，先后有俄国、日本、德国等国的探险队来此地考察，大量壁画、雕塑流失，现大部分藏于德国柏林亚洲艺术博物馆，还有一些藏于俄罗斯国立艾尔米塔什博物馆等地。

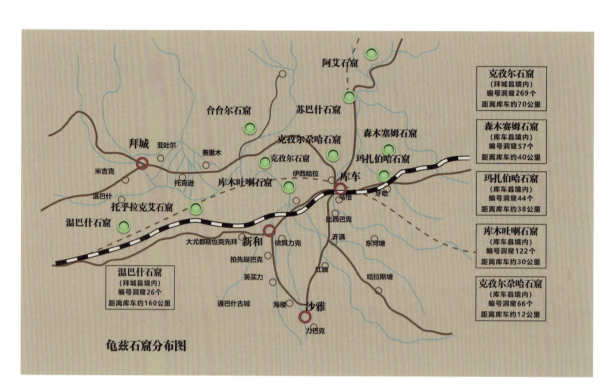

龟兹石窟分布图

图片来源：笔者自绘

数据来源：新疆克孜尔石窟研究所

马厂类型彩陶四圈纹壶

（年代：新石器晚期）

图片来源：上海博物馆官网

古埃及墓室壁画

（年代：古埃及）

图片来源：埃及博物馆官网（都灵）

科林斯柱

（年代：古希腊）

图片来源：维基百科

2. 龟兹壁画的风格特征

龟兹壁画艺术体现了犍陀罗艺术、秣菟罗艺术、波斯文化、中原文化与龟兹本土文化相互交融和碰撞的结果，创造了其独特的艺术风格。其中最为显著的特征便是其构图形式——菱形格。菱形格为描绘的故事和人物提供了一种非常智慧的结构性框架，使得整体布局更加有序的同时也更具节奏感和韵律感。这种构图形式在很大程度上弥补了石窟内部空间狭小的缺陷，因地制宜，在有限的墙面上最大限度地利用空间，不但增加了壁画内容的可画容量，并且让人们产生向上、扩大的视错觉，极大地丰富了壁画的表现力。

龟兹壁画以其深厚的历史底蕴，独特的艺术表现手法，在一定程度上影响着现当代的艺术创作。

3. 二方连续纹样的历史渊源

二方连续纹样作为一种几何纹样，其产生起源非常久远，早在中国古代、古埃及、古希腊等文明中，例如，新石器时期的彩陶、古埃及壁画、古希腊建筑等，就已经有了这种纹样的应用。这种纹样可能源自人类对于大千世界中植物、动物、自然现象的观察，发现存在对称性、规律性、重复性的现象，之后运用到生活、艺术等各个领域，持续数万年地一直文化传承和不断发展。

再以中国为例，列举一些具体实例：

（1）青铜器：商周时期的青铜器，常以象征吉祥的饕餮纹、夔龙纹、凤鸟纹形成二方连续纹样。

（2）漆器：汉代的漆器，通过精细的镂雕技艺，将二方连续纹样镂刻在漆器的表面，以云气纹为主，通常装饰在漆器的口沿、圈足或器形四周等。

秦公鼎
（年代：春秋早期）
图片来源：上海博物馆官网

云龙纹大漆盘
（年代：汉）
图片来源：湖南省博物馆官网

团窠联珠对狮纹锦
（年代：唐）
图片来源：中国丝绸博物馆官网

侗族芦笙服
（年代：清）
图片来源：上海博物馆官网

（3）织锦：唐代的织锦，出现了很多与联珠圈结合的动物二方连续纹样，以丝线织造的形式表现出来。

（4）民族服饰：侗族、苗族、壮族、土家族等服饰的领、袖口、肩、门襟、下摆、裤腿等处均以几何图案、花卉草虫等二方连续纹样组成。

4. 二方连续纹样的特征应用

艺术历史学家和设计理论家通过对古代各种艺术类别的研究，进一步总结出二方连续纹样的基本特征和应用规律，为其在更广泛的领域运用提供了理论依据和创新灵感。二方连续纹样的特征包括对称性、规律性和重复性，这些特征具有很强的视觉冲击力和装饰性效果，能够产生节奏感和动态感，使得观者的视线在其中自由穿梭。作为一种基本的图案元素和编排思路，二方连续纹样还具有很好的变异性，可以通过改变其形状、大小、角度、颜色和组合方式，形成无穷尽的灵活变体，创造出无数种不同的效果。现如今广泛应用于陶瓷艺术、金属工艺、纺织品设计、建筑设计、平面设计、产品设计等，极大地丰富了视觉艺术和设计领域。

单元教学目标

（1）理解形态的含义，并能够独立完成菱形格不同形态的设计（黑、白、灰各一张）。

（2）学习形态联想的方法，并能够在菱形格轮廓中独立创作黑白灰图形的拼贴。

（3）了解二方连续纹样的特点，并能够积极探索，通过相互协作，集体完成几幅有创意的菱形格壁画。

单元重要概念

以下概念界定于本单元主题当中。

1. 形态

指在绘画的二维平面空间中图形的多样状态。我们生活的周遭事物都是由形态组成，形态是艺术创作中的重要元素。

2. 形态联想

指通过纯粹抽象的点线面、黑白灰图形的串联，强调视觉形态的联想，构成多样有趣的画面效果，从而培养图形联想力和图形创造力。

3. 二方连续纹样

指一个单位纹样向上、向下、向左、向右反复连续循环排列的带状纹样。其骨式结构包括散点式、垂直式、倾斜式、波线式、几何连缀式、综合式等。

教学重点难点

第一课：龟兹壁画中的菱形格

1. 教学重点

（1）发现龟兹壁画中的菱形格。
（2）了解菱形格的特征。
（3）辨认龟兹壁画中菱形格的类别。
（4）理解什么是形态。
（5）根据生活中的灵感，创造出各式各样的菱形格。

2. 教学难点

（1）如何在生活中发现与菱形格相关的物品。
（2）如何最大化利用一张纸，画出并剪下菱形格。

第二课：菱形格中的黑白调

1. **教学重点**

（1）理解什么是调式，能够判断菱形格的调式。

（2）发现菱形格中的几何形及其特点。

（3）准确地将黑白画报中剪下的图形进行黑白灰归类。

（4）选择喜欢的龟兹壁画菱形格，用剪下的图形创作一幅新的菱形格。

2. **教学难点**

（1）前期准备需要很充分。从黑白画报中发现符合要求的图形，避免用具象思维剪图形，剪下来的是黑白灰调式明确的有机图形或无机图形。

（2）如何将黑白灰调式与情感进行联接。

（3）如何将喜欢的龟兹壁画菱形格中的内容用剪下的图形进行置换。避免用说故事的联想去贴图形，而是用形态联想的方式，并做到调式明确、排列组合有趣味。

第三课：菱形格的排列

1. **教学重点**

（1）理解龟兹壁画菱形格的排列规律。

（2）运用黑白灰菱形格组合出不同的单位纹样。

（3）集体创作不同组合的二方连续纹样，排列出全新的菱形格壁画。

2. **教学难点**

（1）与以往创作二方连续纹样的方式不同，没有色彩、纹样的介入，限定在黑白灰，如何用单纯的元素排列出千变万化、有节奏感、韵律美的菱形格组合方式。

（2）以小组为单位，如何分工合作，体会集体的力量。

教学环节提示

（1）授课教师当天的服装可有菱形格图案，或者提前带一些有菱形格图案的生活用品，例如水杯、手袋、文具盒等，营造一个导入氛围。

（2）在体会黑白灰图形布局时可事先准备好迷你电子琴或在课件中设置可发声模拟钢琴键盘，让学生尝试体验。

（3）在二方连续纹样拼贴时，可播放龟兹石窟现场影片，展示实际洞窟里的场景，并且告诉学生壁画不是一个人完成的，而是很多画师共同完成，强调合作的重要性，也可在模拟实体洞窟里拼贴菱形格。

特别注意三课之间的逻辑性，不要把每一课割裂看待，三课之间是递进关系，第二课使用第一课的创作作业，第三课综合使用第一课、第二课的创作作业。

知识延展补充

本单元的跨学科知识体现在音乐，涉及一些基本的乐理知识。

1. 音符

五线谱中最基本也是最重要的元素，用来表示音高和音长。不同形状的音符代表不同长度的声音，例如，全音符、二分音符、四分音符等。

2. 节拍

音乐中的基本时间单位，是构成节奏的基础。通常均匀且有规律，节拍的快慢决定了乐曲的速度。

3. 延音线

一种音乐记号，呈现为一条向上或向下弯曲的弧线，用于将两个或多个相同音高的音符连在一起，使其持续的时间等于这些音符的音长之和。

4. 节奏

指音乐中声音的长短、高低、强弱变化的组合方式，决定了乐曲的动感和韵律感。

5. 旋律

由一系列音符按照一定的节奏和音高排列形成，是乐曲中最能够被人们识别和记忆的部分，通常带有较为强烈的表达性和情感色彩。

将第二课的核心知识点——图形的形态联想中对于黑白灰形的"排兵布阵"与音乐中的基础知识进行联接。音符如同绘画中的黑白灰形，节拍、延音线如同黑白灰形的面积大小。黑白灰形的疏密、间隔安排所形成的画面节奏与韵律，如同用音符、节拍、延音线编排的乐曲节奏与韵律。通过将黑形、白形、灰形分别对应音乐中的 do、re、mi，使用三个最简单的音符，根据课程内容中的菱形格图例谱出乐曲，能够更加直观地理解黑白灰形及其面积大小、位置对画面效果的核心作用，同时也更加直观地理解了何为画面节奏与韵律。

这个简单的实验说明，画家组织画面与音乐家作曲编曲的思维过程是相通的，都是通过最基本的视觉或听觉元素表现抽象视觉或听觉形式而产生了审美情趣。简而言之，就是形式产生情感。

优秀的绘画使观者一看到画面（黑白灰形），就能够领会画家的意图。

优秀的乐曲使听者一听到旋律（不用歌词），就自然产生相应的情感。

学生作业图例

第一课：龟兹壁画中的菱形格

常伊彤（10岁）

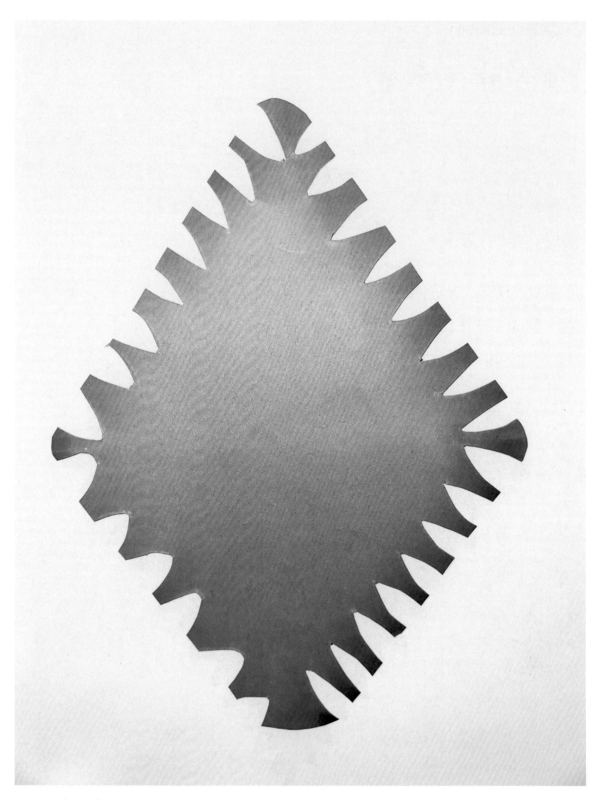

董佳瑞（8岁）

林子萱（9岁）

王奕宁（9岁）

赵紫优（8岁）

张思语(10岁)

朱懿佳（8岁）

赵晨轩（9岁）

第二课：菱形格中的黑白调

罗世腾（11岁）

王梓萱（10岁）

吴梓宁（10岁）

王暄瑜（10 岁）

洪昕凯（10岁）

汪诗琪（10岁）

张轩睿（10岁）

第三课：菱形格的排列

《模拟实体洞窟》
上海大学附属嘉定留云小学"岩语·汇"社团成员

课堂场景-1

课堂场景-2

课堂场景-3

图片来源：笔者自摄

相关参考资料

1. 课件

第一课：龟兹壁画中的菱形格

（王文迪　提供）

第二课：菱形格中的黑白调

（王依曼　提供）

第三课：菱形格的排列

（王丽丽　提供）

2. 专著

（1）新疆维吾尔自治区文物管理委员会、拜城县克孜尔千佛洞文物保管所、北京大学考古系：《中国石窟·克孜尔石窟一／二／三／四》，文物出版社 1997 年 12 月第 1 版。

（2）新疆维吾尔自治区文物管理委员会、库车县文物保管所、北京大学考古系：《中国石窟·库木吐喇石窟》，文物出版社 1992 年 3 月第 1 版。

（3）新疆龟兹石窟研究所：《中国新疆壁画·龟兹》，新疆美术摄影出版社 2008 年 6 月第 1 版。

（4）赵莉：《克孜尔石窟壁画复原研究》（上下两册），上海书画出版社 2020 年 12 月第 1 版。

（5）胡明哲、徐永明、甘雨、徐静：《龟兹面壁——岩彩绘画语法解析》，高等教育出版社 2018 年 5 月第 1 版。

（6）胡明哲：《色面造形——岩彩绘画形式骨架》，高等教育出版社 2017 年 5 月第 1 版。

（7）胡明哲：《溯源 重生——岩彩绘画课程体系实践轨迹 经典摹写》，上海大学出版社 2018 年 11 月第 1 版。

（8）胡明哲：《溯源 重生——岩彩绘画课程体系实践轨迹 平面造形》，上海大学出版社 2018 年 11 月第 1 版。

（9）马克纳：《源于自然的设计》，樊旺斌，译，机械工业出版社 2012 年 11 月第 1 版。

（10）欧文·琼斯：《中国纹样》，五月，译，人民文学出版社 2021 年 4 月第 1 版。

3. 官网

（1）上海博物馆：www.shanghaimuseum.net.

（2）湖南省博物馆：www.hnmuseum.com.

（3）中国丝绸博物馆：www.chinasilkmuseum.com.

（4）埃及博物馆（都灵）：Museoegizio.it.

4. 微信公众号

（1）龟兹研究。

（2）岩彩创作。

（3）九璞十景。

第五单元　敦煌壁画的"意象空间"

单元背景介绍

1. 敦煌壁画的历史源流

季羡林先生曾言:"世界上历史悠久、地域广阔、自成体系、影响深远的文化体系只有四个:中国、印度、希腊、伊斯兰,再没有第五个;而这四个文化体系汇流的地方只有一个,就是中国的敦煌和新疆地区,再没有第二个。"

中国甘肃省的敦煌市,再往东南方向 25 公里,河西走廊的最西端,这里是莫高窟,举世闻名的敦煌壁画就静静地藏于鸣沙山东麓崖壁之上的数百个洞窟当中。敦煌壁画总面积 5 万多平方米,包含敦煌莫高窟、西千佛洞、安西榆林窟,其中,莫高窟现存的洞窟中有壁画、彩塑的洞窟集中在南区(北区为当年画师雕匠的 243 个生活窟),共 492 个,壁画 4.5 万多平方米,彩塑 2 400 余尊,唐宋木构窟檐 5 座,是集绘画、彩塑、建筑为一体的综合性艺术宝库。1961 年,莫高窟被中华人民共和国国务院公布为第一批全国重点文物保护单位;1987 年,莫高窟被列为世界文化遗产。

敦煌壁画的起源最早可以追溯至 4 世纪,当时的敦煌是古丝绸之路上的重要节点和必经之地,跨越十六国时期直至元代,在前后 1000 多年(4—14 世纪)的时间中,将中国历朝历代的民俗风貌、历史文化、艺术风格的变迁,一一描绘于铺天盖地的墙面之上。可以说,这就是一部鲜活的中国美术史的演变。

莫高窟第254窟（年代：北魏）
中心塔柱窟人字披顶的长条形构图（蓝色框）
图片来源：数字敦煌

莫高窟第257窟（年代：北魏）
中心塔柱窟后室墙面下侧平远空间的《鹿王本生图》
（黄色框，虚线代表被中心柱遮挡的部分壁画）
图片来源：数字敦煌

敦煌壁画是中华优秀经典传统文化的重要载体，充分展示了中国古代人民的艺术才华和精神风貌，同时也为研究中国古代社会提供了无比珍贵的大量实物资料。

特别需要强调的是，由于石窟壁画类文物现存多种病害（起甲、龟裂、酥碱、空臌等），具有不可再生性。从20世纪90年代开始，敦煌研究院便开始了数字化保护的探索，经过30年的不懈努力，截至2022年8月，已完成278个洞窟的数字化摄影采集，164个洞窟的图像处理，还有彩塑、洞窟、遗址的三维重建等，将这些海量数字化成果制作成影片、VR全景浏览、小程序等，让传承不再受空间、时间的限制，为之后的研究、拓展提供了价值不可限量的可持续利用资源。

2. 敦煌壁画的风格特征

处于古丝绸之路上东西方文化交汇中心位置的敦煌，自然受到了多元文化的影响，有着丰富的表现主题、多样的造型特征、独特的艺术风格。根据本单元主题内容，重点描述敦煌壁画由于不同的洞窟形制而产生的不同的构图形式。

形制是指建筑的构造与风格。结合敦煌壁画构图形式的典型特征，主要介绍两种窟形：

（1）中心塔柱窟。因窟中心有立地撑顶的方形柱而得名。窟内前半部的人字披顶是汉式建筑屋顶的典型特征之一，在人字披顶上有由这种建筑结构而形成的长条形壁画构图。同时，这种窟有绕窟巡礼的功能，因此在窟内四周呈"U"字型的墙面上，形成了敦煌壁画最为典型的构图形式——平远空间的"连环画"，本单元重点介绍的《鹿王本生图》所在的第257窟就是代表。

岩彩初识（造形篇）

（2）覆斗顶形窟。又称倒斗形窟，因其形状像倒置的斗得名。窟顶中心为方形，四面呈梯形，这种形制深受汉墓形式特点的影响。此类窟形在莫高窟中最多，因此，造就了敦煌壁画另一种特殊的壁画样式——藻井（因与中国古代建筑的屋顶结构藻井相似而得名），藻井的位置在窟顶中央的方形处，模仿多层套叠的框架结构，以各种莲花纹、忍冬纹、连珠纹和飞天等图案构成具有装饰性的循环图式。另外，还有根据藻井四周的梯形墙面绘制的各种异形构图，内容也多为符合屋顶向上且四面贯通特点的飞天、出行图等。

莫高窟第 285 窟（年代：西魏）
覆斗顶形窟的藻井（蓝色框）与梯形壁画（黄色框）
图片来源：数字敦煌

这种按照不同的洞窟形制特征，主观性与创造性地安排画面内容的方式，突破了描绘主题的故事情节性、时间发展性、物理空间性，看似天马行空，实则却是"随心所欲而不逾矩"，背后蕴含的是东方经典传统空间观念——意象空间。

"意象空间"在敦煌壁画中的运用，表现出非常独到的特点和价值。这些因形而创的特殊的画面空间既有对现实的模拟，更多则是超越现实的理想化追求，强调对不同形制形成的不同空间的智慧把握和灵活利用，通过独具匠心的东方构图空间观念，营造出开阔、神秘的空间意象。

3. 意象空间的历史渊源

刘勰在《文心雕龙》中说："独照之匠，窥意象而运斤。"

"意象""意象空间"这两个词在艺术理论中频繁被使用，在中国传统艺术理论中逐渐演化和发展。"意象"是指创作者通过艺术创作将内心的情感、主观的精神、审美的意味转化为具体的视觉形象。这种形象并不依赖于对现实世界的直接模仿，而是通过艺术家的主观解读和再创造使得画面具有超越物质世界的精神含义和象征意义。"空间"特指绘画的二维平面空间,不是真实的三维物理空间。那么,由此而来的"意象空间"是指艺术家创造的特殊的空间结构和布局,这种空间不是对客观世界的逼真再现,而是强调主客观合一,以不同限定的平面空间为载体,以艺术家主观的想法摆布各种画面内容,形成一种特有的"平远、高远、异形"的空间构成形式,这种空间超越了有限的真实物理情景,进入无限的联想世界。

这种空间观念与中国传统文化的精神追求和艺术理念密切相关,体现了中国传统哲学的"道法自然""天人合一"思想,尊重自然限定,强调人与自然的和谐,通过"意象空间"来表达精神世界,并给予观者想象的空间,以实现"画外之意"。

4. 意象空间的特征应用

(1)平行时空。画家不会引导纵深的视错觉,也就是说,不在二维绘画平面中营造三维立体幻觉。想呈现前与后的关系,多用左右或上下并列。想表达深度,就往高处走,越高代表越远。想表达故事情节的先后,就左右排开,或从左至右,或从右至左,或从左右至中间,象征性地显示时间的流动和空间的拓展。

(2)自由时空。画家对于绘画内容的大小、前后、高低等均不受限于真实客观世界的物理结构与时空关系,主观安排画面空间,或横向纵向并置,或俯视仰视共构,或多时空多情节交织,如何摆布,自由放松,充满创意。

我们常说的散点透视法,便具备以上两个特征,由此构成的"意象空间",变绘画静态特征和物理逻辑空间的局限为优势,突显创作的本质——审美性与创造力。

除了敦煌壁画之外,中国画中的"长卷""立轴""折扇""团扇"等画幅形式,可以说都是"意象空间"的延续应用体现。以王希孟的《千里江山图》、范宽的《溪山行旅图》为例，画面中的山水形象，不仅代表现实世界的景色，还通过运用散点透视法，创造了一种独特的空间感，在有限的平面绘画空间中展现无限的深远意境。

千里江山图
王希孟
图片来源：故宫博物院官网

单元教学目标

（1）理解平远、高远、异形的空间特征，独立改编《鹿王本生图》的空间设计（平远、高远、异形三者选一）。

（2）理解画面骨架、图形动势、视觉心点的含义，运用黑白灰几何图形独立再作创具有全新画面骨架、图形动势、视觉心点的《鹿王本生图》。

（3）理解解构与重构的含义，并实际运用于再创敦煌壁画与设计校园文化当中，画出一幅全新异形敦煌壁画与一张校园异形空间布局效果图。

单元重要概念

以下概念界定于本单元主题当中。

1. 平远
北宋绘画理论家郭熙提出的山水画空间表现手法"三远法"之一，通常以左右横向延展表现空间的深度。

2. 高远
同为"三远法"之一，也称"虫视"，将自己置身于低处，视平线下移，以上下纵向伸展表现空间的深度。

3. 异形
不规则的形状，不同于规则线条构成的几何形（方形、圆形等），可增强画面趣味性和空间层次感。

4. 画面骨架
画面元素的组织和排列方式，是画面的隐性支撑结构，决定了画面的稳定和平衡。

溪山行旅图
范宽
图片来源：中国台北"故宫博物院"官网

5. 图形动势

画面中的图形动态变化的行进轨迹，能够产生引导观者的视觉路径。

6. 视觉心点

也称"视觉中心"，在观看画面时，视线最先集中的地方。通常是画面的焦点，是构图的重要考虑因素。

7. 解构

分解结构，起源于解构主义，是20世纪中期法国哲学家雅克·德里达提出的理论。在美术领域，通常指对画面元素进行由表及里的解析与拆分，揭示隐藏的视觉形式结构的核心要素，是解读经典绘画作品的重要方法。

8. 重构

与解构相对应，在解构的基础上，对原有画面元素进行重新组合和再创造，创作出全新的表现形式和表达含义，是对经典绘画作品多元拓展和创新训练的有效途径。

教学重点难点

第一课：天马行空地游走

1. 教学重点

（1）通过对生活照片以及敦煌壁画作品的赏析，理解平远、高远、异形的空间特征。

（2）发现不同的敦煌壁画中存在不同的空间走势。

（3）利用《鹿王本生图》中的图形元素提取对应贴纸，再创三张不同空间关系的"九色鹿出逃计划"。

2. 教学难点

（1）如何将生活照片与敦煌壁画对接，描述平远、高远、异形给人不同的空间感受。

（2）如何从敦煌壁画中找出关键图形，并标示出在不同空间中的行进过程。

（3）如何将想象的故事情节编排与画面图形的摆布联系起来，避免出现画面图形大小、黑白灰节奏平均的现象。

第二课：我有一双透视眼

1. 教学重点

（1）根据不同的敦煌壁画，理解什么是画面骨架、图形动势、视觉心点。

（2）准确找出《鹿王本生图》的基本形、母形、画面骨架、图形动势、视觉心点。

2. 教学难点

如何运用《鹿王本生图》的基本形，根据平远的画面布局，创意性地排列组合出一幅具有全新画面骨架、图形动势、视觉心点的《鹿王本生图》，避免受原图影响。

第三课：我心目中的校园

1. 教学重点

（1）还原真实洞窟实景，理解平远、高远、异形空间的敦煌壁画在不同窟形中的具体位置，特别关注并提取出异形空间。

（2）发现实景洞窟图片中的图形元素，用封闭图形描绘出来，并能够在其中自由填涂黑白灰。

（3）将（1）（2）组合重构全新壁画。

（4）观察、发现、记录校园中可改造空间的位置、尺寸、形状。

（5）使用封闭图形和黑白灰写生校园事物。

（6）结合（4）（5）设计校园空间布局，培养主人翁意识，为校园文化出谋划策。

2. 教学难点

（1）如何较为准确地记录校园内的墙面，注意使用卷尺等辅助工具。

（2）如何使用黑白灰填描校园事物，注意需脱离原物的黑白灰参考，主观有创造性地组构黑白灰关系。

（3）如何将（1）（2）有机结合，使新的校园布局焕发审美活力，注意兼顾现有校园空间的实用功能。

（4）本节课难度较大，上课时长可适当增加。在校园中寻找适合墙面和有趣事物，可在上课前的课余时间完成。

教学环节提示

（1）可以动画片《九色鹿》(1981年上映)的播放为开篇。

（2）充分利用"数字敦煌"中的全景浏览功能，带领学生不出教室也能感受到平远、高远、异形的敦煌壁画在不同洞窟形制中的具体位置，产生相对真实的空间感受。

（3）同样运用"数字敦煌"，近距离观看洞窟中的壁画，发现其中的图形元素。

（4）可以"云游敦煌"小程序中的环节设定，与创作作品评价要求联接，通过指尖与中国经典文化产生更多互动，"穿越"时空，"亲历"辉煌。

想方设法制造情境，引导学生进入情境。将三课的知识点通过集中解析敦煌壁画的《鹿王本生图》，开启学生对"意象空间"的深刻理解，由此掌握东方经典传统空间观念的方法论，再运用到现实学习生活当中，使得学生具备举一反三与融汇贯通的能力。

知识延展补充

本单元的知识延展为四格漫画，跨学科知识体现在体育与健康、数学。

第一课：天马行空地游走

四格漫画，是一种特殊的图像与文字相结合的漫画形式，由四个画格组成。每个画格都是故事的一部分，通过四个画格的连续，形成完整的情节。其起源可以追溯到19世纪后期的美国，最早是作为报纸的一部分出现，这种格式画面简洁，易于阅读，能够迅速传达信息，因此快速流行起来。它可以表现的内容广泛，包括日常生活的琐事、社会现象、历史故事等，如今四格漫画早已从报纸走进了各种媒介，如书籍、网站、社交媒体等。中国有家喻户晓的著名漫画家张乐平的《三毛流浪记》；德国漫画家埃·奥·卜

父与子（节选）
埃·奥·卜劳恩
图片来源：《父与子》，译林出版社

劳恩创作的《父与子》，是世界上流传最广的亲情漫画之一。这两套著名的漫画作品，都于 2020 年 4 月列入《教育部基础教育课程教材发展中心中小学生阅读指导目录（2020 年版）》。

四格漫画的排列顺序在中国一般是从左往右，从上往下。内容分为开头、发展、高潮、结尾，对应着起、承、转、结，这里要求学生将"九色鹿出逃计划"的小创作为基础，进一步想象，选出最为精彩的四个场景，再结合精练的对白，将《鹿王本生图》中的角色表情、动作、场景等细节，表现得既清晰又生动，鼓励大胆夸张、出乎意料的效果。

文字表意：单词→句法→语义

画面表意：图形→构成关系→传情达意

四格漫画培养学生同时思考画面表意和文字表意的联系，锻炼创意性思维和视觉表达力的提升。

人的骨架

图片来源:王文迪绘

第二课:我有一双透视眼

将绘画作品中的画面骨架比喻为人的骨架,把抽象难懂的概念拟人化、形象化,两者其实是相通的:无论是画面还是人,骨架都是不能一眼看到的、隐性的,其作用都是支撑。骨骼健康对于人的重要性不言而喻,在课后环节,让学生回想、思考、记录可以锻炼骨骼的办法,自然而然地关注自己的身体,以后上体育课时、运动时,都会想起美术中的这一个关键概念,从而进一步加深画面骨架对于绘画作品的重要性的理解。

第三课:我心目中的校园

七巧板应用了数学里图形与几何的概念,又是一种历史悠久、人们喜闻乐见的益智玩具,也称七巧图、智慧板。起源于中国,经历了三个发展阶段,从宋朝的宴几图演化成明朝的蝶翅几再到清初的七巧板。宴几由北宋文学家、书法家黄伯思设计,用于招待宾客。七件长方形的案几拼在一起,变成一个大长方形,也可根据宾客人数自由分开组合。明朝诗人严澄依照宴几图的原理,又设计出蝶翅几,由十三件不同的三角形案几组成,全部拼在一起是一只蝴蝶展翅的形状。

清朝医家陆以湉在《冷庐杂识》曾说："……近又有七巧图，其式五，其数七，其变化之式多至千余。体物肖形，随手变幻，盖游戏之具，足以排闷破寂，故世俗皆喜为之。"清代七巧板是在宴几图与蝶翅几的基础之上发展出来的。现代的七巧板是由一块正方形、一块平行四边形、五块等腰直角三角形（两块小型、一块中型、两块大型）组成，一共七块。这些形状的组合原理与古算术中的"出入相补原理"相通（又称以盈补虚，一个平面或立体的几何图形被分割成若干部分后，面积或体积的总和保持不变，最早由三国时期魏国数学家刘徽创建）。18世纪流传到国外，立刻引起人们极大的兴趣，法兰西第一帝国的缔造者拿破仑·波拿巴、美国作家埃德加·爱伦坡特都是七巧板的狂热爱好者。

　　在数学教育中，通过七巧板可以认识几何图形、周长、面积、勾股定理等。在美术教育中，通过七巧板可以认识形状、色彩、对比、平衡等。特别是在创造无数种排列组合的这种看似轻松实则非常智慧的游戏过程当中，充分体会课程中的核心概念——解构与重构，深刻理解这种创作方法，能够极大促进形式与空间的创新、扩散性思维的养成、创意性逻辑的训练。

七巧板示意图
图片来源：笔者自绘

学生作业图例

第一课：天马行空地游走

冯奕灵（12岁）

付浩君（12岁）

戈艺丹（12岁）

施雨辰（12岁）

苏义铭（12岁）

徐昊洋（12岁）

冯子源（12岁）

岩彩初识（造形篇）

潘翊铭（12岁）

肖雅涵（12 岁）

张涵昱（12 岁）

林钰鑫（11岁）

时颜佳（11岁）

王锦希（12岁）

夏一麟（12岁）

张镁林（11岁）

张伊涵（11岁）

张智杰（12 岁）

朱文滔（12 岁）

第二课:我有一双透视眼

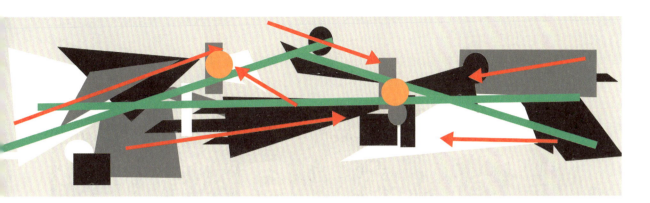

沈子墨(10 岁)

杨袁苈(10 岁)

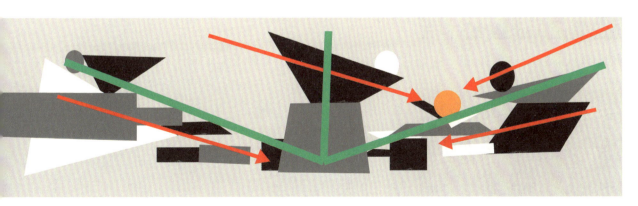

张思语(10 岁)

第三课：我心目中的校园

杨袁苈、江雨霏霏、丁辰轩、沈子墨（10岁）合作

改造前

改造后

董佳瑞、朱懿佳、刘简、赵晨轩（9—10岁）合作

改造前

改造后

第五单元　敦煌壁画的"意象空间"

吕悦、岳乐瑶、王钱瑀、黄紫菡、黄艾可（10岁）合作

改造前

改造后

改造前　　　　　　改造后

赵紫优、林子萱、黄予晨、张思语（9—10 岁）合作

相关参考资料

1. 课件

第一课：天马行空地游走

（严琳　提供）

第二课：我有一双透视眼

（严琳　提供）

第三课：我心目中的校园

（王文迪　提供）

2. 专著

（1）敦煌文物研究所：《中国石窟·敦煌莫高窟（第五卷）》，文物出版社 2013 年 12 月第 1 版。

（2）敦煌研究院：《敦煌石窟艺术全集（1-26）》，同济大学出版社 2016 年 1 月第 1 版。

（3）敦煌研究院：《敦煌壁画艺术精品高校公益巡展图录》，中国书店 2015 年 7 月第 1 版。

（4）樊锦涛：《敦煌》，中国旅游出版社 2014 年 9 月第 1 版。

（5）常书鸿、常沙娜：《敦煌三书》，湖南文艺出版社 2022 年 7 月第 1 版。

（6）胡明哲：《色面造形——岩彩绘画形式骨架》，高等教育出版社 2017 年 5 月第 1 版。

（7）胡明哲：《溯源 重生——岩彩绘画课程体系实践轨迹 经典摹写》，上海大学出版社 2018 年 11 月第 1 版。

（8）胡明哲：《溯源 重生——岩彩绘画课程体系实践轨迹 平面造形》，上海大学出版社 2018 年 11 月第 1 版。

（9）张世彦：《边·位·场·势·美——绘画章法解析》，高等教育出版社 2011 年 8 月第 1 版。

3. 期刊

（1）敦煌研究院：《敦煌研究》，ISSN：1000-4106，CN：62-1007/K。

（2）敦煌研究院：《石窟与土遗址保护研究》，ISSN 2097-1370，CN：62-1222/K。

4. 官网

（1）敦煌研究院：www.dha.ac.cn.

（2）数字敦煌：www.e-dunhuang.com.

（3）故宫博物院：www.dpm.org.cn.

（4）中国台北"故宫博物院"：www.npm.gov.tw.

5. 微信公众号

（1）敦煌研究院。

（2）莫高窟。

（3）敦煌美术研究所。

（4）岩彩创作。

第六单元　走进美术史中的经典

单元背景介绍

1. 点、线、面的历史沿革

点、线、面是构成视觉艺术语言的最基本的元素。这三个元素在创作中的应用是千变万化的，可以表达各种各样的视觉效果和情感理念。关于"点、线、面"的概念，最早是1923年由俄罗斯画家、美术理论家瓦西里·康定斯基在《点、线到面》中明确提出："点是工具与物质材料表面最先相接触的结果，是基础的面……点本质上是最简洁的形……线是点在移动中留下的轨迹……"他认为点、线、面是绘画的基本元素。点是静态的，是固定的位置；线是动态的，是点的移动；面是限定的，是线的闭合。这些元素都有各自的性质和表现力，可以用来构建和表达艺术家的内心世界。

"点、线、面"的使用，是人类绘画发展历程中所使用的永恒的基础语言，所有绘画作品，归根结底都是由点、线、面构成，当然也有不同的发展阶段。以现代主义美术作为分界线，在此之前的点、线、面作为描绘对象背后的手段存在，比如用点表现纹理，用线勾画轮廓，用面描绘形状等。随着抽象艺术的发展，点、线、面作为纯粹的视觉元素，成为画面的主语，具有自身的价值。到了后现代和当代艺术时期，点、线、面的运用更加开放多元，在各种媒介中都有呈现。

2. 美术馆教育的概况

这种教育形式伴随着现代博物馆和美术馆的发展而逐渐兴起，其起源可以追溯至19世纪晚期到20世纪初期，博物馆和美术馆作为对大众开放的公共场所，被认为是全民美育的重要阵地，是公众的精神文化家园。到了20世纪六七十年代，开始从典藏、展览、研究、教育等多方位完善美术馆的专业职能，从"以物为中心"转向"以人为中心"，这时的美术馆教育更加注重观众的参与和体验。

（1）美术馆教育的特点。

A. 直观性。美术馆教育提供了一个独特的学习环境，人们可以直接面对真实的艺术作品，不再是画册、书本里的印刷品。

B. 互动性。美术馆教育非常强调观众的积极参与，包含解读作品、主题讨论、拓展创作等。

C. 跨学科性。艺术作品涵盖的信息量是非常广的，如社会背景、文化语境等，因此美术馆教育也涉及多种学科，如历史、哲学、文化研究等。

（2）美术馆教育的作用。

A. 帮助大众发展审美意识，欣赏和理解艺术作品，提升艺术欣赏能力。

B. 开拓人们的视野，丰富人们的知识，培养人们的综合思维能力。

C. 作为一种参与互动的平台，能够加强各国、各省市美术馆之间的文化交流，促进更多的学术研究合作。

如今，越来越多的学校开始与美术馆合作开展联动教学，这是学校课堂教学的有效补充与更多延展。在少儿美术教育领域中，美术馆教育开展得尤为热闹，周末、寒暑假都可以在各地美术馆中看到络绎不绝的少儿观展游学、馆校联合教学、亲子活动等，美术馆教育对当代少儿美术教育的发展起到了很大的推动作用。

东一美术馆教学场景

图片来源：笔者自摄

3. "东方平面绘画"和"西方具象绘画"的异同点

多种复杂成因使得东西方绘画各自显现出一些特征，但由于风格、流派繁多，故在此做一个前提限定："东方"对应"平面"与"西方"对应"具象"。

（1）共性。

A. **传情表意**。两者都用来表达艺术家的情感和理念。

B. **视觉元素**。点、线、面等视觉元素是所有绘画共享的基本语言。

C. **构图原则**。虽然方法不同，但无论东西方，都是为了引导观众的视线，创造画面的动态和平衡。

（2）不同。

A. **西方具象绘画**。

a. **精准透视**：自文艺复兴时期以来，强调精准的透视

面对名作完成课程学习单

图片来源：笔者自摄

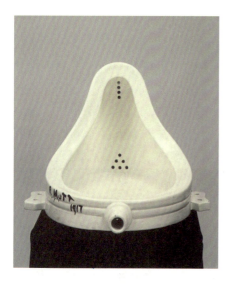

泉
杜尚 马塞尔·杜尚
图片来源：蓬皮杜美术馆官网

规则，以画面边框为界限，以透视学为基础，试图在二维平面上再现三维的现实空间。

b. **还原写实**：强调对现实的描绘，以客观物理结构为依据进行刻画。

c. **使用光影**：善于利用光影来模拟立体感和空间感，用以传达时间和氛围。

B. 东方平面绘画。

a. **散点透视**：常打破真实物理透视空间，常超越画面边框，常有富含象征意义的"留白"。

b. **平面图形**：侧重平面性，通过图形的对比和布局，营造画面的节奏感和动态感。

c. **意象意境**：画面表现的不仅仅是表象，更是人为主观的意象、意境。

4. 创意改编的历史沿革

《现代汉语词典》中"创意"一词的含义之一是指"有创造性的想法、构思等"。

创是动词，指创新、创作、创造等，意是名词，指意识、观念、智慧、思维等，许许多多的创意来源于直觉和灵感。改编是指在原有作品的基础之上，改变原作的形式或用途，创作出新作品。

在艺术创作中，创意改编是一种常用方法。艺术家们一直在借鉴、引用、学习前人的作品，以此为创作的灵感来源，然后根据自己的理解和感受进行各种创造性的变化。例如，20世纪的现代艺术和后现代艺术，创意改编尤为突显，许多艺术家开始大胆改编前人作品，利用商业产品和大众文化的元素，挑战传统的艺术界限和审美观念。例如，马塞尔·杜尚的《泉》、安迪·沃霍尔的《金宝汤罐头》等作品，都是通过改编日常物品，创造出新的艺术形式。之后在数字技术的影响下，艺术家们有了更多方式和更大领域的改编，诸如数字化处理、混合媒介等。

创意改编可以与前人进行跨越时间和空间的对话，可以掌握和理解前人的技术与观念，可以从新角度审视和解读旧元素，可以挖掘被改编元素的新意义。总而言之，这种艺术创作中的重要方法，能够促进艺术家们不断学习和反思，能够促进艺术的持续创新发展。

单元教学目标

（1）理解绘画语言基本元素（黑、白、灰、点、线、面）在东西方经典画作中的呈现与关系，选择一幅画作，设计一张具有基本元素新组合的画展门票。

（2）理解色彩的明度关系，能够辨认黑白灰形；理解并掌握图形引导视觉心点的方法；选择一幅画作，从中选取一个异形作为外框，重组一幅黑白灰画面。

（3）理解东西方经典画作的共性特征；学会寻找独特视角；选择一幅画作，创意改编一幅具有全新调式、母形、趋势的作品。

单元重要概念

以下概念界定于本单元主题当中。

1. 点
视觉艺术中最小的元素。单独的点是静止的，但点的聚集和分散可以创造视觉的张力与节奏。

2. 线
点的延伸，源于运动，点动成线。可以用来描绘轮廓、定义形状、指示方向，线的厚度、曲直会影响其视觉效果。

3. 面
由线围绕而成，具有长度和宽度，定义了二维空间。面的大小、形状、颜色的变化可以产生不同的视觉效果。

点、线、面三者相互转化，其本质都是平面图形。

4. 美术馆教育
指在美术馆或艺术博物馆中进行的教学活动，以馆内的藏品和展品作为教学资源，以讲解、讲座、工作坊等多种方式，带领大众深入理解和欣赏艺术作品，提高艺术素养和审美能力，涵盖了从少儿到成人的各个年龄段。

5. 创意改编

一种艺术创作的方法，指对原有作品进行重新解读和再次创作，创造出独特、全新的想法与作品。不是复制或模仿，而是通过加入个人视角和创新思考，让旧元素焕发新面貌。

教学重点难点

第一课：黑白世界的绘画名作

1. 教学重点

（1）寻找黑白画作中的"点、线"以及不同调式的"面"。
（2）点、线、面之间的关系。

2. 教学难点

（1）如何在经典画作中较为准确地找出黑、白、灰调式的"面"，如忽略"点"、"线"细节，只看完整的大块面。

（2）如何提取画作中的点、线、面再进行重组，既与原作有关联，又不是照抄。例如，可以在调式、位置、方向等有所改变。

第二课：美术馆里的黑白乾坤

1. 教学重点

（1）学会快速判断明度关系，区分绘画作品中的黑、白、灰形。
（2）区分经典画作中的无机图形和有机图形。
（3）学会在作品中发现异形。

2. 教学难点

（1）学会单因素观看。例如，寻找黑形时只看明度最低的区域连成的图形，以此类推。

（2）如何掌握图形引导视觉心点的方法。避免辨识性地去观察画作中的物象，比如看一个完整的人或物；避免用惯性思维理解视觉心点，比如人的眼睛一定是中心，或从故事情节去引导，比如眼神。

（3）如何在画作中寻找异形，不是毫无根据地任意连接，可以参考黑白灰的构成进行选取。

第三课：我是小画家

1. 教学重点

（1）将经典画作与实际生活关联，掌握寻找独特视角的方法。

（2）分别从调式、母形、趋势三方面创意改编经典画作。

2. 教学难点

（1）如何理解独特视角。不需要符合对象物理结构的完整，比如一栋房子、一棵树，可以是半棵树和半栋房子，关键在于画面图形结构的组合是否有趣。

（2）如何理解当局部调式改变后，会自然重组成为新的图形。比如原来的白形变黑，那么就和旁边原有的黑形相连，形成了新的黑形。

（3）如何在创编的最后一步加上画龙点睛的母形，比如，可以面积小一些，位置巧一些，趋势活一些。

（4）本节课难度较大，"用心创"中的创意改编可在课后继续完善。

教学环节提示

本单元是全书的最后一个单元，综合了前五个单元的所有知识点，最终落实到赏析美术史中的经典绘画作品，并走出教室，走进美术馆，将校内教学与场馆教学有机贯通，产生良好循环、螺旋上升的育人效果。

（1）以全新角度，赏析绘画作品，其实是回归绘画的基本元素和核心本质，回到画面本身去欣赏，重新理解什么是绘画。当没有色彩时，不去辨识画的是什么，纯粹欣赏点、线、面、黑、白、灰本身构成的形式美，避免用说故事等文学方式去讲解绘画。

（2）结合课堂教学重点，根据每个不同的展览，设计相应的学习单元，第二课中的东一美术馆"波提切利与文艺复兴展览是案例呈现。具体教学时，需联系实际展览状况，时时更新，在紧扣关键知识点和教学方法的基础之上，拓展新的教学活动设计是目的所在。

（3）三课的作业实则都是创意改编，难度递增展开，但基础都是有能力先将彩色作品进行黑白灰图形的归纳，之后再依次推进。第一个门票设计是将感兴趣的点、线、面元素进行抽取重组，第二个是感受异形画框对作品形式的影响，第三个是将全幅作品的画面形式结构进行彻底创编。

知识延展补充

本单元的知识延展主要体现在针对每一课的"用心创"环节作业的延续。因为单元内容整体难度较高，仅仅通过课堂中一次作业的训练，对课程要求中学习方法的掌握是远远不够的。第一课的拓展作业是为敦煌壁画展览设计异形门票，首先让学生在完成了对西方画作设计门票的作业之后，继续对东方画作进行解析，同时限定为异形外框，既复习了第五单元的内容，也是为第二课进行铺垫。第二课是欣赏当代艺术中的异形作品，第一课是将东西方的经典绘画作品并置，这一课是古今中外的绘画作品并置，让学生了解，经典画作中的优秀传统如何在当代焕发新生机。第三课的设置是让学生关注自身。我们向美术史中的经典作品学习，向艺术家前辈们学习，从中获得很多创作的法则和参考，但其实很多著名艺术家一辈子都在向孩子们的画作学习，要理解学习的过程是相互的。回到绘画原点的同时，不要忽略自己的本真，不要遗忘与生俱来的本领，回到人的原点——少儿阶段的自然、自由、生机勃勃、源源不断的创造力和想象力。

学生作业图例

第一课：黑白世界的绘画名作

陈雨函（11岁）

陈雨恬（11岁）

冯丞禹（10岁）

许承扬（10岁）

第二课：美术馆里的黑白乾坤

程果（10岁）

冯丞禹（10 岁）

岩彩初识（造形篇）

142

许承扬（10岁）

周麟妮（10岁）

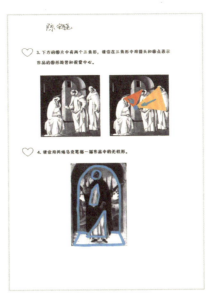

陈宇骁（10岁）

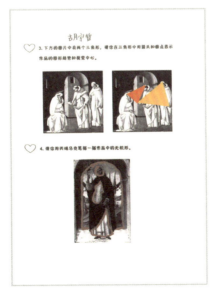
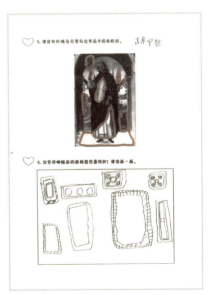

胡宇哲（10岁）

第六单元　走进美术史中的经典

 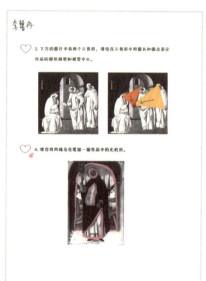 

李馨冉（10 岁）

  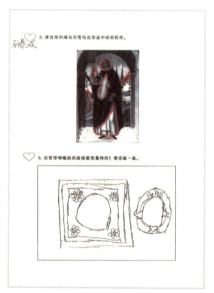

孙泰成（10 岁）

第三课：我是小画家

冯钰舒（9岁）

金佳栩(10岁)

饶芷若（10岁）

张予涵（9岁）

相关参考资料

1. 课件

第一课：黑白世界的绘画名作

（张逸婕　提供）

第二课：美术馆里的黑白乾坤

（张逸婕　提供）

第三课：我是小画家

（张逸婕　提供）

2. 专著

（1）胡明哲：《色面造形——岩彩绘画形式骨架》，高等教育出版社 2017 年 5 月第 1 版。

（2）胡明哲：《溯源　重生——岩彩绘画课程体系实践轨迹　平面造形》，上海大学出版社 2018 年 11 月第 1 版。

（3）约翰·伯格：《观看之道》，戴行钺，译，广西师范大学出版社 2015 年 7 月第 1 版。

（4）瓦西里·康定斯基：《康定斯基论点线面》，罗世平，等译，中国人民大学出版社 2003 年 10 月第 1 版。

（5）新疆维吾尔自治区文物管理委员会、拜城县克孜尔千佛洞文物保管所、北京大学考古系：《中国石窟·克孜尔石窟一 / 二 / 三 / 四》，文物出版社 1997 年 12 月第 1 版。

（6）张小鹭：《现代美术馆教育与经营》，西南师范大学出版社 2009 年 月第 1 版。

（7）文化和旅游部艺术司：《全国美术馆优秀公共教育案例选编》，东方出版社 2019 年 7 月第 1 版。

（8）李杰：《童年美术馆》，北京联合出版有限公司 2021 年 09 月第 1 版。

（9）杨应时：《美术馆公共教育》，东方出版社 2020 年 09 月第 1 版。

3. 官网

（1）敦煌研究院：www.dha.ac.cn.

（2）www.wikiart.org.

4. 微信公众号

（1）岩彩创作。

（2）东一美术馆。

（3）一条艺术。

（4）KennaXu 画廊。

（5）李可染画院 ART。

后　　记

　　写到这里的时候，说明全书的撰写即将告一段落。

　　书稿的完成过程，伴随着每周雷打不动的两三个小时的课程转译教研讨论，一次次头脑风暴的激烈碰撞，一次次反复磨课的修改调整，这是一群热爱岩彩的志同道合的专家、老师们集体智慧的结晶。

　　我们因岩彩走到一起，我们因岩彩发现中小学美术教育中有价值的闪光点。我们大胆尝试，努力挑战，完成了岩彩高等教育系列课程进行中小学美术课程转译的第一套书，其中有太多的第一次，有太多的感动感谢。感谢上海大学基础教育处李志芳处长，搭建优质平台，集结专家团队。感谢上海大学附属嘉定留云小学唐敏校长，鼎力保障支持，全面保驾护航。感谢上海市嘉定区教育学院小学美术学科教研员戴春莉老师的专业把关、妙语连珠。感谢华东师范大学课程与教学研究所博士、综合课程专家刘侃老师的直接高效、逻辑缜密。感谢上海市长宁区劳技学科特级正高教师顾沁华老师的一语中的、锦上添花。感谢共同参与课程转译的上海大学附属嘉定留云小学邓刘敏老师、王文迪老师，上海市嘉定区德福路小学王丽丽老师、王璐老师，上海市嘉定区武宁路实验小学严琳老师、张逸婕老师，上海市安亭师范附属小学王依曼老师，上海世外教育附属嘉定云翔小学钱培丽老师，上海市嘉定区嘉一实验高级中学王志强老师，在日常繁忙的工作之余，抽出几乎所有空闲时间全程投入。感谢上海大学出版社常务总编傅玉芳老师的严谨指正。有你们在，让我无比安心踏实。

今年，是我与岩彩相识的第二十年。从我第一眼看见它，便被其深深打动，越是深入了解，越是无法自拔。感恩岩彩让我遇到这么多美好的人，让我做了这么多美好的事。大家齐聚在一起，如同岩彩——这个地球馈赠的珍贵礼物，微粒的每一个面代表着我们每一个人，缺一不可，凝聚发光。

这套书的首次出版，作为抛砖引玉的尝试，衷心期盼借由此书，开启岩彩高等教育系列课程的中小学美术课程转译的探究之路。

最后的最后，真心感谢所有选择使用这套书的同道们，真诚希望处于教育一线的你们能够从中有所收获，同时，热切渴望能够接收到更多的反馈与意见。因为你们持续不断的尝试与摸索，是我们坚持不懈的思考与创新的力量源泉。

愿岩彩之路上，期待更多爱"岩"之士的加入……

陈　静

2023年6月写于沪上"岩语·汇"工作室